生臭坊主〃ぶっちゃけ説法〃

いのうえけんいち

KKベストブック

本書は、弊社より2006年5月に発刊された『坊主のバチ当たり経済学』の改訂版です。

まえがき

「お坊さん」。この言葉を聞いて、皆さんはどんな感想を持たれるでしょうか？つらい修行をして悟りを得る人、衆生の救済に身を呈する人。反対に葬式産業の一員とか、生臭な生活をする人というイメージを持つ人もいるかもしれません。一つ言えるのは、僧侶の世界は閉鎖的で一般の人からは伺い知れないということです。

私は14歳のときに臨済宗にご縁をいただき、釈尊の教えの奥の深さ、禅の修行の魅力に取り憑かれ、今日まで修行をさせていただきました。同時に、一般の僧侶と違い、大手新聞社記者や会社経営者、さらにはベンチャー企業の社長（故人）秘書など、「俗人」としての生活もしておりました。ですから、お坊さんの世界だけでなく、一般の人の生活も知っております。そして、一般の人々が描く僧侶の世界が、実態とかけ離れていることも熟知しております。

戦前や戦中、政府が宗教を弾圧した反省から、現在の宗教法人法は「宗教家は善人の集まりである」という前提で作られています。信仰の自由は大切な権利ですが、今日、宗教家が原点を忘れて営利事業化したり、反対に独善化し〝上から目線〟で信徒さんを見下す弊害も生まれています。昔の人が描いていた「和尚さん」「善知識」

という人は少なくなり、僧侶として最低限の知識や修行経験もない人も散見します。心ある仏教家の中には、「このままでは、日本の仏教は滅んでしまう」とまで言う人もいます。実は、私の師匠や先達にも、本書に賛同される方は何人もおられました。しかし、様々なしがらみがあり、それを言える人はほとんどいません。

私が指導を受けた多くの先達は素晴らしい方々で、本当の仏教の教えは素晴らしいものです。しかし、このままでは、仏教界は一般の人の支持を失い、教えも廃れてしまいます。私のような立場の人間が、仏教界の問題点を指摘する本を書くのは問題があるのは認識はしています。その上で、あえて仏教界の実態を書くことで、少しでも若い僧侶や一般の方々が問題意識を感じていただき、仏教のあり方を考えて下されれば、私の喜びとするところです。

なお、この本で書いたような僧侶がいるのは事実ですが、真面目に仏道修行をされている僧侶もおられます。観光寺院と言われるお寺の僧侶にも、心から尊敬できる人はおられます。この本を読まれた皆様が、ぜひ、そういう僧侶とご縁がありますよう、お祈りいたします。

いのうえ けんいち

生臭坊主〝ぶっちゃけ説法〟テレビじゃ言えないホントの話【目次】

第1章 俗世間の常識を超越した面々

第5章 信仰心を試す「お布施」という名の踏み絵

第6章 商売人も顔負けのお寺の仏門ビジネス

第7章 坊さんのちょい不良《ワル》極楽生活

第8章 坊主丸儲けに見るお寺の収奪システム

第9章 どちらが偉い？ 貧乏坊主と金持ち坊主

第10章 御利益に群がる坊主

本文画／井上悦三

第1章　俗世間の常識を超越した面々

「お布施が少ない」と参列者の前で恥をかかせる

お布施というものは元来、たとえ微々たる金額であったにしても、坊さんサイドからは決して文句を言うことはできないものです。

しかしながら、現代の坊さんの中には、お布施を戴いたその場で白昼堂々と開封してお札を勘定する輩もいます。まだ30代半ばの若い坊さんは、なかなかの威風を備えた貫禄の持ち主です。その坊さんのケースでは、その場で布施袋を開封するだけでも驚きものですが、檀家に向かって厚かましくも「(金額が) 足りませんね、△△さん」と言ってのけます。

当然のこと、その法事の場には参列者も大勢いるでしょう。檀家サイドにすれば、赤っ恥をかかされたことになります。当初、これにはみんな怒ったと言います。

「われわれ檀家の前で、堂々とお布施を開封するとは極悪非道だ」

と、非難ゴウゴウでした。「いつかブン殴ってやる」と言った檀家もいたといいます。しかし、その村にはお寺がそこにしかありません。どんなに嫌いだとしても、その坊さんにお願いするよりほかに道はありません。

そんなある日のこと、その坊さんは一人暮らしの老人の家へ法事に出かけました。ひと通りの読経の後で、あらかじめお仏壇に乗せられていたお布施を手に取り、いつものように開封してお金を勘定し始めました。参列者たちは、「このじいさんが用意する額はたかが知れているだろう。この坊主、またしても怒り出すぞ」と内心ハラハラしながらもその坊さんの様子を窺っています。

思惑通り、その坊さんは「なんだこれは！」と怒り出しました。それ見たことか、と参列者たちが息をひそめた直後に、坊さんが思いもよらないことを言い出しました。

「じいさん、こんなにもらったらあんたの生活が成り立たないだろう。こんなには、いらないよ」

坊さんはお布施から数枚のピン札を抜き取ると、そのじいさんに返したそうです。参列者たちは逆にビックリ、ドッキリです。この噂はすぐに村中に広がり、若坊主の評判は逆に急上昇したと言います。

それ以降、彼が法事で読経へ行くと、今度はどの家でもその坊さんが「もらいすぎだ」と言われるくらいにお布施を奮発し始めたようです。しかしながら、例のじいさん以外の席で、その坊さんがあのような言葉を口にしたのを聞いた者がいません。「もらいすぎ」どころか、逆に「ちょうどいい」のひと言でさっさと引き上げてしまうのです。

後になって、あのじいさんの家でのことは、「坊さんがお布施の額を引き上げるための策略だったのではないか」と、住民たちは詮索するに至っているのです。

お寺の魂「仏様」を売ってしまったバチ当たり坊主

この世の中、貧乏寺はたくさん存在しますが、その中には、財産はあるもののキャッシュ（現金）がないといったケースも多く見られます。

その財産として、貧乏寺の倉庫の奥深く温存される仏像に至っては、その骨董的価値から考えても莫大な財産になります。売却してしまえば、数千万円は軽く手に入ります。

「毎日、数千万円の仏を拝んでみても、なんて貧乏なんだろう」と、貧乏寺の坊さんは自身の置かれた不運な立場を嘆いていることでしょう。しかし、たとえお金に困ったとしても仏像を手放す坊さんなどいないはずだと思うのが常識ですが、このご法度を破った坊さんが現実にいたことには驚き以外のなにものでもありません。

その坊さんの寺院は、近所の子どもたちに「お化け屋敷」と言われるほどの破れ寺です。当然のこと、当の坊さんご自身もボロ袈裟1枚の極貧生活に窮しています。もちろん、嫁いでくる女性もいるわけでなく、たった1人で数十年の間、このボロ寺に住み続けてきました。さらに、その寺院のある村全体が貧しい土地柄であるため、檀家数十軒から入ってくるお布施もわずかな金額であったと言います。

「なんでわしだけがこんな目に遭わねばいけないのだろうか」と、その坊さんは嘆いていました。ときどき訪ねてくる遠隔地の知り合いの坊さんは羽振りがいいようで、「金刺入りの袈裟をあつらえた」とか「外車を買った」とか、彼にとってはうらやましい話ばかりを残していきます。この状態で終わってしまうのかと、坊さんは次第に思案するようになっていきました。

ところがある朝のこと、その坊さんが日課としての読経をしていますと、ふとまぶしい朝日が細い線状になって正面の仏様に差し込んでいることに気付きました。

それに見入った坊さんは、幻覚か錯覚なのか、いま仏様がご自身の像を「売却して換金しなさい」と言っていると勝手に感じたようです。客観的に見ればなんとも都合のよい解釈です。その日のうちに、坊さんは骨董商を呼び寄せて見積りを依頼したそうです。どの程度の金額でその仏様を身売りさせたのかは知る由もありませんが、寺院繁盛が可能になるほどのお金が入ってきたようです。

したたかなその坊さんは、彼の檀家の人たちが不審に思わないように全く別の似通った仏様を大変安く購入し、本堂に堂々と安置したと言います。その揚げ句に、「今度の新しい仏様は、由緒正しきお寺から頂戴した御利益ありがたい仏様です」などとホラを吹いているようです。後に寺院を新築した折には、「このようにして皆さんのお寺を新築できたのも、新しい仏様の御利益にほかなりません」とまで言い切っています。

しかし、見方を変えてみますと、かつての仏様がその坊さんに本当に「私を売却しなさい」と言ったかどうかはともかくとして、その仏様としましても、お化け屋敷のお寺に座っているよりは、骨董屋で売却されて新しい仏生を歩んだほうが幸せだったかもしれません。

オバケを怖がる坊主、神社へ「神頼み」する坊主

坊さんにも、祟りやオバケを本気で怖がる人がいます。もともとお寺に生まれ育った坊さんはそうでもないのですが、養子に入ったり弟子になって坊さんになった

連中には、意外と怖がってしまう人が多いものです。

なにしろ、自分の読経が仏様の成仏に役立っているなどとはよもや思っていませんから、仮に霊魂が坊さんの目の前に現れて「うらめしや～」などと言われようものなら、どのようにお祓いしてよいのか見当もつきません。実際に、その坊さんの普段の行いを顧みますと、いつ祟られたとしても文句を言えない状況です。

たとえば、「水子供養」と称してお金を巻き上げたり、一人暮らしの老人を騙してお布施の金額をボッたくったりと、バチ当たりなことばかりをしています。それならば、このような悪行をやめてしまえばよいのに、それでもお金には未練があるわけです。ならば一層のこと、悪霊が祟ってくれでもすれば、その坊さんは改心するように思います。

この例とは裏腹に、仏の存在に見切りをつけて、逆に「神頼み」に走ってしまった坊さんも事実、存在します。

その坊さんの娘の高校受験が迫り、成績があまり良くなかったことから、悩んだ末に神社へ行って合格祈願をしたと言います。「なぜ仏に頼まないか」と知人が尋ねたところ、「いままでは仏様に頼んでいたが、一向に娘の成績は良くならないので、逆に神に祈願することにした」とは、その坊さんのセリフです。

受験前には、五条袈裟を身にまとったまま近所の神社に詣でて柏手を打っていたと聞きます。多分、娘さんの成績が良くならないのは仏や神のせいではなく、つまるところ娘さんの実力がないゆえでしょう。

人の弱みにつけ込んだ「祟りビジネス」で荒稼ぎ

「祟り」といったものは、坊さんにとって逆に打出の小槌になるものです。悩み苦しんでいる人々にとっては、どんなに有り難い思し召しよりも、またどんな立派な説教よりも「祟りによるものでしょう」といったひと言のほうが威力を発揮するものです。

奈良時代以降に中国から採り入れられた仏教は、それまでの神道文化に便乗する形で混合され、純粋な原形から大きく歪められていきました。その代表的なものが、日本仏教の中のオカルト的要素です。

要するに、「祟り信仰」のことです。もともと仏教の教義には、祟り信仰はありません。伝播の中で、インドや中国においての土着習俗が加わったにしても、日本の祟り信仰はやはり一種独特の感があるのは否めません。

日本人の祟りに対しての強烈な畏怖の念は、古来からの神道の思想に由来するものです。神道においては、人が亡くなれば祟りの神に変わり、現世に恨みを残す家や個人に対して厄災を起こすものとされています。

たとえば、天皇家の歴史においても、祟りを払う祈祷が常日頃実施されていたといいます。また、怨念を抱いて亡くなっていった敵方武将の鎮魂に、あるいは中宮たちの出産に際してなにかあるたびに祈祷が行われていました。

あの空海・弘法大師が、宮中に祈祷の作法を最初に持ち込んだとされています。遣唐使として中国に渡った空海は、あらゆる修行を重ねた末、８０４年に密教を主柱《しゅちゅう》としました。諸々の経典を日本に持ち帰り、高野山で真言宗の開祖となりました。その教義の一環が、要するに祟りを跳ね返してしまう祈祷でした。その時代、なによりも多くの怨霊からの保身に苦慮していた朝廷にとりましては、空海のその祟り､祈祷は願いもよらぬことだったのでしょう。朝廷で端を発した祈祷ブームが、やがて「占い」や「易」として一般庶民の間においても大きな支持を得ていったわけです。

このように、日本が諸外国から文化を採り入れるケースでは、良いものはなんでも受け入れて、自前の文化とチャンポンにするといった感があります。たとえば、トイレひとつをとっても明白です。なにしろ和洋折衷の「金隠し付き水洗トイレ」をプロデュースした国です。仏教の受け入れ体制も、トイレ同様の事情で行われたように思います。

前置きが長くなりましたが、「祟り」と聞いた途端に、人々のサイフのヒモは大いに緩んで、誰もがダンゴや饅頭でお布施をごまかそうなどとは思わなくなります。お祓いの祈祷に至りましては、上限なしのハッタリ三昧です。しかしながら、時として身体の病すら完治してしまうケースがありますから、坊さん自身、驚いてしまいます。

祟りを実体験された人の話はよく耳にするところです。ある人によれば、金縛りにあって幽霊に殺されるところだったと言い、またほかの人は、毎晩、幽霊が枕元に立って恨みつらみをあげつらうと涙ながらに訴えます。その誰もが「決まってもう何年もこのような状態で眠れません」と言って、お寺に相談に来るようです。

しかし、客観的にみて何年も眠れなければすでに死んでいるはずです。そんなことはあり得ません。ほとんどの人は暗示をかけていけばすぐ治ります。まずはインチキ宗教よろしく悩みのルーツを見つけ出して、そこをつついていくことから始めるのです。

そのようにしてだいたい見当がつけば、「これは背後霊でしょう。背中にたくさんついてます」などと適当に言って的を射ればしめたものです。すかさず、大声で経典の一部を繰り返し唱えて最後に「カーッ！」と一喝して終わりです。「すでに背後霊はなくなりました」とでも言えば、依頼者はスッキリとした面持ちで立ち去っていくものです。こんなことでお金を得るわけですから、坊さん稼業はやめられません。

戒名料350万円に納得する遺族

通常お寺では、戒名料というものがあります。坊さんのあげた読経のお布施とは別に、戒名を考えた手間賃まで戴こうという算段です。どこの誰が始めたのかは知りませんが、檀家が「出す」と言うのですから、戴かずにはおれません。

この戒名料の値段が、これまたおいしいのです。お布施についてはある程度の相場があり坊さんサイドが設定することは難しいのですが、戒名料については坊さんの手前勝手で値段を決める場合が多いものです。

大阪のある坊さんは、飛び込みで入ってきたお葬式で院号を依頼されて、なんと

350万円を請求したと言います。誰かが「遺族の方は驚かれたでしょう」と尋ねてみますと、どうやらそんなことはないらしく、驚くどころか逆に「その値段であれば、仏様も成仏できるでしょう」と、大いに喜んでいるとかで、全く坊さんも坊さんなら、遺族も遺族です。

その坊さん曰く、一般庶民の分際で「院殿号」「院号」の戒名を付けたがるのは、世間に金持ちだということを見せつけたいプライドによるものです。ですから、「彼らは、請求すればするほどいくらでも出すに違いありません」との言い分です。

さらにその悪徳坊さん、彼らから大金をボッたくるのは当然のことでもあります。要するに、永代の法事を任されている檀家にとっては、数百年の間、寄付でお寺を支えてくれた恩があります。しかし、飛び込んでくる連中は、葬式のとき以外はお寺になんの寄進もしていません。どなたかが亡くなったときだけ来られて「長いお経をあげてください」とか「立派な戒名をお願いします」とか、遠慮もなく図々しい依頼をしてきます。

「このような飛び込み連中と檀家を同じように取り扱っては、檀家たちに申し訳がありません。ですから、飛び込みの葬式については、(1回で数十年分の) 寄進費用を戴く (ボッたくる) わけです」

このようにまことしやかに語るこの坊さん、事の是非はともかくとして妙に説得力ある言葉です。ともあれ、大阪の坊さんたちがこうも強引なのは、大阪の坊さん不足が背景にあるようです。いくら坊さんが強い姿勢に出ても、彼らに依頼しない限りは葬儀が成立しない現実があります。大阪の坊さんたちにとってのおいしい日々は、半永久的に続くと思われます。

本堂があっと言う間にディスコホールへ早変わり

横浜の大学を卒業して間もない坊さんが、住職である親父さんの死によって、さっそく地方のお寺の住職に就任したケースがあります。先代の住職は質実剛健を地でいった坊さんでしたが、この若住職は正反対、バリバリの現代っ子です。

国鉄や郵便が変わったように、いまやお寺でさえ「改革のメスを入れる時期が到来している」とばかりに、彼はこの田舎のお寺に都会の風を採り入れようと必死です。そこで、最初に彼が着手したのは、本堂の建て替え事業でした。何事も形から入るというわけです。

新しいお寺の設計図面は、もちろんのこと、若住職の手によってつくられました。

寄付金を求められた檀家たちもしっかりチェックしましたが、「本堂を多目的ホールとして一般に開放したい」との若住職の提案に皆が賛成しました。

もともとは、お寺とは人々が集まる社交のサロン場でもありました。そのような昔の利点が新しいお寺には採り入れられると聞き及んで、皆が喜んだそうです。それ以降は、工事の進行自体について口をはさむ者はいませんでした。

そして数カ月後、ついに新しい本堂が完成しました。若住職は檀家たちに招待状を送り、お披露目パーティーと相成りました。檀家たちにとってはこの多目的ホールとやらがどのようなものなのか、期待に胸をふくらませてやって来たのです。

本堂に一歩足を進めていった檀家たちは、まずなんといっても立食スタイルで並べられたご馳走にビックリ仰天しました。ご本尊の仏様を前に、刺し身やら肉、ケーキが所狭しとテーブルに並べられています。しかし、それでもまだこの時点では「ご住職が若返れば、お寺の作法も一新ということですね」などと笑顔の余裕が残っていました。

さて、本堂のメインホールに招待客である檀家がすべて揃った頃、急に会場は真っ暗になりました。檀家たちが「停電かな」とざわめき出すと、突然、強烈なスポットライトと同時に騒がしいバンド演奏がスタートしました。まもなく、仏の置かれた壇上にスポットライトを浴びた若住職が登場しました。しかも、その姿は純白のタキシード姿です。

やがて会場は明るくなりましたが、檀家たちは声も出せない状況です。それを尻目に、若住職がマイクを持って話し始めました。

「ようこそおいでいただきました。最初にこの多目的ホールの仕組みからご説明いたしましょう」

と言うと、壇上から降りて脇のスイッチのようなものを押しました。次の瞬間、「ゴゴーォ」という音と同時に、驚くことに壇上のご本尊がぐるりと一回転して裏側に隠れてしまったのです。後で聞いたところによると、年老いた檀家が何人かこの時点で具合が悪くなって会場を後にしたと言います。

しかし、これで驚くどころか、カラクリはほかにもありました。ご本尊が180度回転して壁が現れると、そこには幾何学模様が描かれていて、すっかり本堂のイメージは消え去りました。そのとき、また会場が暗くなり、今度は隠し天井からなんとミラーボールが降りてきたのです。最初は厳粛だった本堂はディスコの雰囲気に一変したのです。タイミングよくバンドが流行のポップなリズムを奏で始め、若い檀家たちは指笛まで鳴らす始末です。

唯一の救いといえば、ご本尊が後ろ向きに隠されて、このような状況を見なくてすんだということでしょう。

このような若住職の遊び感覚に大反対の声も上がりましたが、できあがったものは仕方ありません。この若住職の弁明と言えば、「人間、生きているうちにエンジョイできるお寺にしたかった」ということなのです。

もちろんのこと最近のお寺は、人間が亡くなったときにしか用がないと思われている向きがあります。逆に、この若住職のアイデアは、生きている人たちをお寺に集める意味では非常に重要な試みであるとも言えます。

しかしながら、このお寺の収支のケースでは、お年寄りの足が途絶えた反面、若い人たちがどんどん出入りするようになりました。ようするに、トントンということです。

ストリップ劇場、ピンサロで「観音様」にかぶりつき

この話は、おそらくは坊さんならば誰でも知っている話ではありますが、ある宗派の大本山に勤める高僧は、無類のストリップ好きだと言います。暇さえあれば、

毎日のようにストリップ劇場、ピンサロに通い詰めているようです。

そんな彼を劇場で見かけた弟子の話によりますと、その坊さんといえば、舞台にかぶりつきでストリッパーの秘部に見入っているとか……。もとより、坊さんの格好をしていないわけですから、周りの人はまさか僧侶だとは思いません。踊り子にしましても、「また助平ジジイが来ているワ」といった程度のものでしょう。

しかしながら、ハゲ頭に毛糸の帽子を深くかぶり、口をだらしなく半開きにしている助平ジイさん、実を言いますと、泣く子も黙る本山の教務所（学問所）の頂点に位置する高僧なのです。日々、新たに彼の弟子たちに厳しい指導を続ける傍ら、なんとも本能的といいましょうか、まことに人間クサいご趣味を持ったものであります。

あるとき、思いを寄せるストリップ嬢に「きみが死んだら、私が読経をしてあげよう」と約束したようです。とにもかくにも、この坊さんの読経自体は、まともに依頼すれば数百万円は下らないと思われます。

その坊さんが、その見返りになにを求めたのかはご想像にお任せしますが、はたしてストリップ嬢にとってその数百万円の読経が価値あるものか否か、難しいところであると言わざるを得ません。

「よそ様の檀家に手を出す」タブー破りの横取り坊主

いくつかのタブーが坊さんの世界にはあるものです。その中でもとりわけご法度とされているのが、檀家の横領（横取り）というものです。ご存じのように寺院と檀家は、これはもう古くは江戸時代から一度絆が結ばれますと、半永久的にお付き合いをするのが原理原則となっております。

子々孫々、何世代にもわたって付き合えばこそ、理屈としては十分な永代供養ができるというものです。しばしば寺院をチェンジしてみたり、法事・仏事のときだけ坊さんを呼び寄せるようでは、仏の供養になりはしないという理屈もある意味では成立します。

しかしながら最近では、いとも簡単によその宗派へ寝返る檀家が増えてきました。その理由として、自宅から近い寺院にチェンジするというならまだしも、「あそこのお寺のほうが、出されるお茶菓子が上等で私の好みだったから」などといった、なんともあさましい子ども騙しのワイロに引っ掛かりはるばる遠隔地のお寺に移っていくわけです。寺院を変えることを、新聞をチェンジするのと同じレベルで考えている感があります。

しかし、この檀家も檀家であれば、勝手気ままに人の縄張りに入りこんで営業をする坊さんも坊さんです。いくら坊さんの社会が堕落したとは言っても、最低限のモラル・仁義は遵守したいものです。「よそ様の檀家には手を出すべカラズ」と言いたいものです。

先述した菓子折り作戦で、数百年来の寺檀関係（お寺と檀家の付き合い）がなくなるわけです。敗れた坊さんたちにとっては、「菓子折りに負けるとは、先祖代々の坊さんたちに申し訳が立たない」と思うものでしょう。

一方、市場開拓（新規参入）の坊さんにとりましては、お年寄りの檀家が死んで若い檀家世代に継承されたときが一番の狙い時、千載一遇のチャンスです。このケースのように他人の檀家ばかりを数百軒も獲得して、新しく寺院をつくったしたたかな坊さんもいると聞きます。この坊さん、俗世の一般社会においては優秀な営業マンに相違ないでしょう。

チャンコ鍋に変身した本堂の由緒ある「カネ」

たとえ優秀な成績で大学を卒業したとしても、「善良な坊さん」になれる保証などどこにもありません。この「善良」の意味には二種類ありまして、檀家にとって評判が高い善良なのか、仏の信徒としてふさわしい善良なのか、この違いで評価自体が変わってくるものです。

檀家のないお寺であれば、人間として善良なほうが正しいのでしょう。ところが、檀家を相手に商売をしているお寺であれば、実のところ檀家の信奉があつい坊さんのほうが、善良な坊さんと言われます。たとえば、ある坊さんのケースはこんな具合です。

大学時代の彼は、決して成績が優秀とは言えませんでした。むしろ、遊び優先の日々が続いて、出席日数でさえ覚束ない学生でした。試験の結果も悪いし、本来であれば落第もやむを得ない状況でしょうが、いかんせん地元では高名なお寺の跡取りです。

大学としても落第させるわけにはいかないので、書類上、小細工をして晴れて無事卒業と相成りました。もちろん、大学入学にしても、坊さんである親父の口利き、根回しがあったからだと言われています。

しかし、帰郷して坊さんの職に就いてみると、檀家の彼に対しての評判は非常に良いのです。親父の代で４８０軒だった檀家数は、この坊さんに引き継がれた結果、６７０軒くらいにまで伸びました。当然のことながら、生臭の彼が営業に回ったわけではありません。地元の檀家たちの口コミで、遠隔地からも申し込みが殺到したわけです。

「ほかの檀家は奪ってはいけない」というのが、宗派坊さん同士の暗黙の了解・仁義ですが、この坊さんにはそんなケチな常識は通用しません。この坊さん、なぜこんなにも人気があるのかと言いますと、その豪快な性格にどうやら起因しているようです。

たとえばある日、その坊さんのお寺に檀家が何人か集合してチャンコパーティーを開催することになりました。肉や魚や野菜などの具は檀家が持ち寄って来ましたが、さて煮立てようと思うと肝心の鍋がどこにも見当たりません。

肉や魚、野菜の量を考慮したとしても、常日頃使っている鍋ではどうにもこうにも小さすぎるのです。そこでこの坊さんはどうしたかというと、ほろほろと酔いの回っている檀家たちを先導して、なんと本堂に置いてある大事な「カネ」を運び出し、それを火にかけて鍋にしたのです。

これには仏様もビックリ仰天でしょう。集まった檀家たちはこれには大喜びで、「スケールのデカい坊さんだ」、「住職は偉い」などと称賛し、ますます評判は高まっていきました。しかし、その翌日には、有志のカンパで新しい「カネ」が届いたといいますから、これまた驚きです。

やることなすこと、誠に破天荒な坊さんですが、檀家が「それでよし」とするのなら、これもまた善良な坊さんということになるのでしょう。

第2章　死んでからでは遅すぎる現代お墓事情

比叡山が売り出した「久遠夫婦墓」に申し込みが殺到

都会を中心に核家族が定着してきた近年、墓地を管理していたお年寄りが亡くなると、次に誰が墓を引き継いで、誰が管理を行うかでもめるケースが増えてきたようです。

ここで簡単に墓地所有権の義務について述べます。永代使用権料を払い込んで墓地の所有権を獲得した後は、各々の指定期限内にお墓を建立する義務が課せられるわけです。いかなる事情があるにせよ、この期間内に建立できなかったときは、永代使用権の契約は無効と化します。

さらに、お墓を建立した後で墓地の使用者が長期間、所在不明になったり相続や継承の申し出がないケース、または墓地を本来の目的以外に使用したケース、使用権を無料で他人に譲渡したケース、長期にわたり使用料を滞納したケースには、墓地の所有権は消滅することになるのです。

法律的なお墓の相続は、財産相続に準じて手続きが行われます。が、相続者としての本音は、「遺産をもらうのは賛成だが、墓地の権利を戴いても困る」といったところでしょう。

家の近くにある墓地ならまだしも、たとえば京都に住む長男に北海道の墓地が委ねられても実際困るのです。

売却しようにも父祖代々の骨が埋まっているわけですから、親戚たちが許すはずはありません。かといって、親戚たちが維持管理するかというと、面倒なことは誰もがしたくないわけです。

このように、一応は相続者の名義にはなっているものの、墓参りには誰も訪れない事実上の無縁墓ができあがるのです。お寺としては、「どうせ顧みもしないお墓ならいっそのこと処分してくれれば次に売り出せるのに」と、こんな宙ぶらりん状態がいちばん腹立たしいものです。

このようなルーズな相続者とは別に、子どものいない夫婦にとってもお墓の相続は深刻な問題です。気のきいた親戚でもいればよいのですが、他人の家の墓まで管理してくれるお人好しな人はまずいません。都心の一等地でもあるなら話は別ですが、田舎の小汚い墓地をわざわざ引き取る人は皆無に等しいわけです。

そのような状況を見据えてか、比叡山が考え出したのが「久遠夫婦墓」です。「子どもがいない夫婦、あるいは子どもがいても断絶状態でお墓の管理が望めない夫婦を相手に、お寺が家族に代わって永代管理してあげます」と売り出したお墓です。

墓所は比叡山の山の中です。夫婦2人分の遺骨収納場所と石柱1本を建て、現在は108万円から。ここならば、比叡山が噴火でもしない限り死後なお安泰でまさに永遠の愛の場でもあります。「アリガタイ」土地だけに、申し込みは殺到しているようです。

「墓石1個数百万、読経1回数十万」どちらが割高?

世間一般の人は、自分の家が裕福になるとお墓を豪華に改装したいと思うものらしいと聞きます。それぞれのお墓の建立年度は、ものの見事にその家系のいちばん繁栄していた時期と一致するものです。

檀家がお墓を新しく建て替えるときは、石材屋は儲かるもののお寺には直接関係しないものです。ただ、古い墓石を取り壊す際に読経を依頼された場合には、そのお布施を戴けます。なにしろ相手は景気のいい人たちです。坊さんは「このとき」とばかりにフッかけるのです。

たとえば、「古い石には強い霊が宿っているものです」などと口実を取り繕って、

汗でもかきながら30分くらい一生懸命、読経するのです。さらには、「悪い霊を祓うのにずいぶんと苦労しました」とホザけば、20～30万円くらいは簡単に出してくれるものです。ご用心、ご用心。

さらにもうひとつ、「新しく石ができた際には古い石の霊を移してあげる必要があります」と言って、新しい墓石の読経もここでしっかりとリザーブしてしまいます。昨日までは無一文の価値だったお墓が、一晩でン十万円にチェンジするのです。

石材屋の儲けはもっとスゴいものです。韓国あたりの御影石を使用すれば、その石だけで1基250～350万円近くになります。文字を刻み込む料金（彫石料）を加えれば、かなりの額になるはずです。

それと比較すれば、坊さんの読経料など大した額ではありません。しかし、石材屋はこう言います。

「坊さんは原価がタダです。さらに労働時間はたかが20～30分。それで20～30万円とはウラヤましい。タタリさまさまですね」

なかなか言い得て妙だと思いませんか。

墓地の永代使用料がバカ高くなるカラクリ

お寺の坊さんには申し訳ないが、いまやお寺にとって墓地を持つメリットはあまりありません。都下のお寺が檀信徒を増やすために「ウチの寺には墓地がありますよ」と誘い込むには有利ですが、それ以外はほとんどお荷物になっているところが多いのです。

たしかに、売り出した当初は借地料としての永代使用料がドカンと一気に手に入ります。墓地のケースだと、土地の売り値は通常価格の4倍にもなりますから、一時的な儲けとしてはかなり大きいのです。先日、ある知人が大阪で4坪の墓所を「1500万円で購入した」と言っていました。これが東京近郊になれば、さらに高値で売買されているものと思います。

墓地の区画は1聖地と呼ばれ、これを1坪と称しています。その1坪は、普通の不動産取引の4分の1坪なのです。仮に周辺の1坪の地価と同じ価格で売り出しても、業者は4倍の儲けになります。

最近では、平方メートルで表すように改められつつありますが、たとえば東京周辺の例で言えば、埼玉県の外れの霊園は1・5平方メートルの永代使用料が46万円、3平方メートルでは120万円といったとんでもない価格になっています。4坪で1500万円とは、一般の土地売買よりはるかにおいしい話です。

しかし、墓地にすべて借り手がついて埋まってしまえば、その後は微々たる維持管理費の収入があるだけです。しかも墓地は出入りがほとんどありません。一度貸し出したら、平気で100年以上所有者が代わることはないでしょう。これではとてもビジネスにはならないわけです。

一時期、大手の一般企業が霊園づくりに着手介入して「お金は出すから名義を貸してほしい」と、お寺に持ちかけては各地に設営していきました。しかし結局、建設中に工事費用がコゲついたり、借り手が思うようにつかなかったりのトラブルが続出しました。

見切り発車で出発した墓所も、経営状態はかなり苦しいと聞きます。土地売買のプロフェッショナルでさえ、この有り様なのです。いわんや、商売にド素人の坊さんの経営でうまくいくはずがありません。

さらに墓地は、維持費が大変です。下手に遠い地方の人に土地を貸した場合には、お金は入れるが手入れはしません。お墓を維持するために人を雇う気もない檀家だって多いのです。なかには、相続権でもめて宙に浮いてしまっている墓所も少なくありません。

苔が生えて汚くなった墓がアチコチに増え、花差しの水の中にはボウフラが湧き、夏場は異様な匂いが立ち込めます。お寺に隣接して墓地があるケースでは、これはもうたまりません。いっそのこと、すべて取り壊してしまいたくなるわけです。しかし、墓地はあくまでも檀信徒に貸した土地です。お寺側が勝手にイジることはできません。

仮に墓地の数を増やすために区画整理を施そうとするのなら、お墓の所有者全員の許可を得る必要があります。このケースでは、建て替え資金はお寺持ちとなります。それでも所有者は簡単に同意しません。中には、「墓をいじくるなら納得するお金を出してほしい」と脅しにかかる檀信徒もいます。ですから、いよいよとなるまではお寺サイドも迂闊に整備を申し出ることはないのです。

さらに、境内にまでお墓が建っているケースがあります。これは、もともと第2次世界大戦の戦没者の英霊の碑を建てたことに始まったのですが、その後、それらの栄誉にあやかってか「ぜひ私の家のお墓を境内に」と希望する檀家が増え、たちまち境内が墓石だらけになったお寺もあります。これは大変なことです。戦没者のお墓がそこにある限り、半永久的に潰すことはできません。

さらにまた、後に建てられたお墓についても地元の有力者たちが「見栄のシンボル」として建立したものですから、これも永久に残さねばならない苦悩があります。そうでなくても、日本中の汚いボロ寺がカビだらけの墓石に囲まれ、ますますおばけ屋敷然となっているのです。

第3章　あの世でも格付けされる戒名の基礎知識

字の下手な坊主には空海の爪の垢でも飲ませたい

坊さんの仕事のひとつとして位牌に戒名を書き入れます。弘法大師バリの字のきれいな坊さんであれば、誠に立派な位牌ができるものです。たとえ書き入れた文字の意味がデタラメであっても、十分に重々しい風情の位牌に見えます。

しかし、字の下手な坊さんも多いものです。ボールペンで書く字すら汚いのに、筆で書くとなるとますます悲惨です。こんな坊さんを菩提寺に持った遺族は不幸です。ミミズがはったような文字が仏壇に乗せられているのを見ますと、どこかしらオドロオドロした気になり、それだけでも祟りが起こりそうな感じがします。

ある坊さんは、字が間違っている位牌をそのまま遺族に渡してしまったようです。その坊さんが言うには、「なにしろ何十年に一度、書けるかどうかの素晴らしい筆字でした。しかし、竜頭蛇尾よろしく最後の1字を間違ってしまいました」とのことです。

この坊さんの気持ちは痛いほどわかりますが、遺族にとってはたまりません。彼は「昔の字としてはこうでした」と弁明に走りましたが、見る人が見れば一目瞭然です。しかしながら、字が下手だからといって一度できあがった位牌を無下に断る遺族はまずいません。不服そうな顔をしながらも、それに対して大金を支払う目にあいなるのです。

各宗派では、各々、戒名の付け方のルールがありまして、たとえば故人の生前の名前の一部を入れるとか、故人の生前の様子を窺わせる文字を入れるとか、そんな塩梅です。一般人に戒名を付けるケースでは、懇意の檀家でもない限りは適当に付けることが多いものです。

しかし、有名人の戒名となれば話は別で、マスコミで発表される可能性もありますから、坊さんの名誉にかけて歴史に残るような会心の作を考えることになります。たとえば、酒豪であった檀家信者が亡くなったときは、「『酔狂院深酒居士』というのはどうでしょうか」との冗談も言いたくなるものです。

「弘法も筆の誤り」という格言で有名な弘法大師である空海（774～835年）は、平安時代の三大書家の1人として有名です。数多くの美しい筆書を残しています。真言宗の開祖である空海は、讃岐国（香川県）に生まれ、15歳のとき京都に上り、やがて仏教を志して長年の山岳修行を積んだ後、804年に留学生として遣唐使に参加しました。

彼が、唐にある青竜寺で学んだのは真言密教でした。2年後の帰国の際には、経典を始めとして数多くの仏像、仏具、曼陀羅を持ち帰り、さっそく高野山に金剛峯寺、そして京都に東寺を賜って修行道場を開きました。それ以降、空海の真言宗は同時期に唐へ渡った最澄の天台宗と同時に、当時、隆盛を極めていました。さらに、南部六宗と肩を並べる国家承認の宗派となりました。

「戒名」を付けるときに見えてくる遺族の人間模様

「位牌」というのは故人の霊の象徴とされるものです。亡くなれば直ちに造って葬式の際には祭壇に安置し、改めてお寺に納めるのが白木の位牌です。そして、自宅の仏壇に祭るのが「本位牌」です。その本位牌にはさまざまな様式がありまして、真言宗では本位牌を置かず、法名を掛け軸にした「法名軸」を祭ります。

戒名は、その昔は「院」号は天皇家、「院殿」号は将軍家における専売特許とされてきました。一般庶民については、坊さんが生前の故人を評して授けるのが原則でした。

たとえば、出家、剃髪を施した人には「禅定門」、俗人のまま死亡した人は「信士」、仏教に対して信仰心の厚い人、世間的な人望のある人、お寺への寄進をしている人などには「居士」、「大姉」など各々に応じて坊さんが決めていました。

しかし、昨今ではほとんどが坊さんの判断よりも故人および遺族の意思によって戒名の格付けが指定されています。

地位・名誉のある人はなにがなんでも「院殿」「院」を、また小金持ちの庶民ですら「居士」「大姉」クラスを望むものです。坊さんが付けるのは、「信士」号くらいのものです。

戒名といった不可解きわまりないものが、これほど高い値で売買されるご時世で、このおいしい商売を放っておく手はありません。味をしめた坊さんたちは、さらに最近のペットブームを利用して「動物にも戒名を付けましょう」といった活動を開始しています。犬猫が死んでも葬儀をあげる家庭が増えているのですから、このビジネスは展開することでしょう。

戒名を依頼される場合には、その家の人間模様がありありと見えてくるものです。そして、それらはすべて戒名料の値段の高さに起因しているものです。

「戒名料を少しディスカウントしてくれませんか」と小声で囁く檀家もいれば、「この人は死んでまでお金がかかる」と言われる老夫までいます。さらに、つい先程ま

では涙にくれていた者までが、お金がかかると聞いた途端に現実的になり、「それはあまりにも高すぎます」と平気で言ったりします。

このように死んだ人の生前の価値は、すべて戒名料に反映されます。ここに人間模様ならぬ親の意向、嫁の発言、息子の不人情、隠れていた家族間の歪みが思わず知らずも暴露される瞬間でもあります。結局その場では折り合いがつかないで、「格付けは後ほどご連絡します」と言う始末です。

であれば、「いっそのこと戒名を付けなくてもよいのですが」と言っても納得しません。「やはり戒名がないと成仏しないでしょう」と言います。しかし、非人情極まりない遺族の会話を聞かされるほうが仏様としては成仏できないと思うのですが、本当に人間という生き物は身勝手です。

これらの戒名は死後に授かるのが普通ですが、「逆位牌」といって、生前に菩提寺に依頼して戒名をもらい、位牌をつくるケースがあります。このときに書く戒名の文字は朱色です。さらに夫婦揃ってつくった逆位牌は「寿牌《はいじゅ》」と言われて、めでたいものとされています。

「院殿」号の戒名料はなんと1000万円以上

本来、戒名とは坊さんになって受戒する者だけに授けられた名前です。要するに「釈迦の弟子になった」という証です。相撲界に入った力士が四股名をもらうのと同じようなものでした。

それがどこでどう間違ったのか、現在の日本では人が死ねば必ず戒名が与えられて、文字内容の如何ではあの世でのランキングまで左右するといった、実に奇妙奇天烈（不可解極まりない）なシロモノとなっているのです。

直接の由来は、おそらくは中国の影響と思われます。中国では死んだ人間に贈り名を付ける習慣があり、それがいつの時代にか日本に伝えられたものなのでしょう。戒名自体にランクが生まれたのは、平安時代以降です。出家した天皇が「院」号を付けたのが始まりです。

その後、室町時代になって足利尊氏が天皇方の「院」号より上のランクを希望して、無理やり「院殿」号を設け、以来、これが最高の戒名と称されるようになったのです。封建時代では、死んだ後もなお現世と同じ身分制度が続くとされていたわけです。

第２次世界大戦以後は、身分というよりも金持ち連中の見栄の象徴となっていました。要するに、戒名とはこのような特権階級の人間たちの虚栄心が生んだシロモノであるわけですから、あの世の待遇に影響があるはずもありません。

現在、東京では「院殿」号は１０００万円以上の値段が付いていると聞きます。たかだか12文字を考案するだけで、１０００万円以上が坊さんの手に転がり込んでいくのです。坊さんはやめられないはずです。

最低ランクの「信士」「信女」といったものでも15～20万円。原価が全くのタダであることを考えれば、まさしく「坊主丸儲け」です。このケースでは、生前の名前のように字画にこだわる必要は一切ないので、作るのは簡単です。

ある坊さんなどは、目をつぶって経典をペラペラめくり、適当に指をさした漢字をアトランダムに並べているだけです。それでも、６文字組み合わせれば十分に重い名前に見えます。

その坊さんによれば、「仏様からの信号をキャッチして、私の指が自然に指し示す」などと真面目な顔つきで言っていますが、どう考えてもいい加減なやり方にしか思えません。

いずれにしても、戒名の善し悪しは、故人の成仏には一切関係ないのですから、どんな名前でもかまわないわけです。

戒名を付けないと祟りがある？

戒名が特権階級のステイタスシンボルとして存在してきた歴史を見れば、本来こんなものはなくてもよいわけです。もしどうしても死んでからの名前を別に欲しいと望むのなら、それこそ自分で、あるいは遺族が勝手に付けたって一向に差し支えないのです。芸能人や俳句家のように、適当に箔の付きそうな名前を決めればいいのです。

なにも坊さんに付けてもらわなかったからといって、法律で罰せられるものでもありません。しかしながら、みんながみんな揃って大金をはたき「院」号だの「院殿」号だのを付けたがります。なぜでしょうか？

日本人がここまで戒名に執着する理由のひとつには、昔からの祟りに対しての根強い畏怖の念があります。「戒名を付けなければ仏は成仏できずに邪霊となって夜ごと枕元に立つのではないか」などと本気で考えてしまうらしいのです。

枕元に立つだけならまだマシですが、代々、家に取り憑いて厄災、病災を引き起こす元凶になるのではないかと心配するのです。実際、中にはそのような気苦労から身体に変調を訴えている者もいる始末です。「膝が曲がらない」「胸が痛い」などと大騒ぎでお寺に駆け込んで行く者も少なくないのです。

医者であれば「心身病でしょう」とでも言って治療費を巻き上げるところでしょうが、このようなケースでの坊さんの返事はただひとつ、「まさしく祟りでしょう」。揚げ句の果てには、当人はまさにトドメを刺されたように脅えて除霊を懇願してくるのです。その結果、坊さんは除霊料といった税務署への目くらましが可能である収入をたんまりと戴くという方程式が成り立つわけです。この除霊料を値引く人間は、まずいません。坊さんがハッタリで多少大きく言っても、確実に支払いは行われるのです。

さらに悪徳坊主に及ぶと、適当にお経を選んで読み上げた後に「戒名の付け方自体が悪かったようですな」などとホザき、新しい戒名を付けさせればこれで戒名料も戴きと相成るわけです。

そしてまた、このような即席の除霊は案外効果があって、9割方、身体の病は治っていくから不思議なものです。しかし、世の坊さん、とくに日本の坊さんの中で除霊のやり方を知っている者など皆無でしょう。なぜなら、大学の単位にも坊さんの認定試験にもそんな項目は一切ないのです。

いわんや、独学で習得できるものでもありません。依頼されれば坊さんが知っているお経を読み上げる、ただそれだけのことです。つまり、「祟りとは、心のどこかにやましい思いを持った人がその罪の呵責によって自らが勝手に生み出す産物」であります。

第４章　坊主もシビレる読経ここだけの話

真意をわからないままお経を読む坊主、聞く檀信徒

その昔、中国の坊さんたちはインドから経典を持ち帰った後でしっかりとそれを漢文に翻訳して自国の文化にしていきました。要するにサンスクリット語（インドの古代語）から母国語に翻訳して、利用していったわけです。

しかし、日本の坊さんに至りましては、中国の漢文のまま持ち込んで読み伝えています。現在、日本で使われている『般若心経』などの経典は、その当時、中国において翻訳されたそのままのものです。当時の書き言葉が漢文であったことを考えれば当然のことですが、せめて読みくらいは和訳して欲しかったものです。

なぜ日本において、母国語に転換する作業が行われなかったかといえば、当時は仏教に限らずさまざまな文化を中国から採り入れていた時代です。つまり、中国の文字文化は当時の日本の知識人たちのステイタス文化だったのです。当然のごとく、彼らにしてみれば、中国語を読み書きできたわけです。であるからして、大和言葉に翻訳する必要性もなかったわけです。

仏教が平安末期までは庶民化することがなかったこともあってか、そのままの形

で現在まで伝えられる結果と相成ったのです。お陰様で現在、読経を耳で聞いたとしても、内容を理解・認識できる日本人はほとんどいません。

たとえ文字で見たとしても、なにがなんだかサッパリわからないという人も多いでしょう。これが今日、仏教を不明瞭にしているいちばん大きな元凶と思われますが、いかがでしょうか。

一見、筆文字で書かれた経典自体は、どこかオドロオドロしくて不気味です。しかし、お経の内容自体は、そもそも釈迦がその弟子たちに対して聞かせた話ですから、読んでいくとなかなかオモシロイものです。部分的には説教めいてはいますが、そのほかはストーリー性に富んだドラマ仕立てになっているのです。

だから、実際のところ日本のように法事で仏壇に向かって読経するのはちょっとオカシイのです。仏に向かって唱えるのは「南無阿弥陀仏」の６文字で十分のはずです。

ちなみに「南無阿弥陀仏」の「南無」とは、本来「お任せします」といった帰依の意を示す言葉です。さらに「阿弥陀」は永遠という意です。「仏」とは、悟りを得た者のことです。つまり、「南無阿弥陀仏」は「永遠の光、永遠の命を持つ悟った方にすべてをお任せします」という意味です。

日蓮宗で用いる「南無妙法蓮華経」は、「釈迦の説いた法華経にすべてをお任せします」といった意味です。要するに、「南無妙法蓮華経」も「南無阿弥陀仏」も、仏への絶対的な忠誠（?・）を誓う言葉です。

「南無阿弥陀仏」以外のその他大部分は、成仏祈願ではなく、俗世間で迷っている者たちに対して道（法）を説いた内容なのです。要するに、今日の日本の坊さんた

ちは仏壇の中の死んだ人々に対して、「このように生きたらいいですよ」と、一生懸命、説教していることになります。実に妙というか矛盾極まりないことです。釈迦の教えでいえば、本来は参列者の檀信徒に向かって読経するのが、あるべき姿であります。

しかし、あいまい好みの日本では、逆に「わからないからこそ有り難い」といった声が多いのも悲しい事実です。百科事典にたとえて、8万4000という100冊以上にも及ぶ経典を、いまさらながらも「日本語に訳して釈迦の言葉を伝えよう」などと殊勝に考える坊さんがいるわけではなく、逆に知りたいと望む大衆もなく、今日以降もわからない言葉をわからないままに坊さんは読み続けて、大衆はわからないままに聞き続けていくのでしょうか。どう思われます？

葬儀の読経中に坊さんを襲った正体は？

お香の立ちのぼる煙は「故人が極楽に向かいつつある」ことを示し、漂う香りは「阿弥陀如来が来迎した」ことを表すものだと古来より言われています。

『日本書紀』の記録では、お香が日本に伝来したのは推古天皇の時代だと言われています。そこには、淡路島に漂着した香木が始まりだったと記されています。その後、鑑真和上が薫香の知識を伝え、平安時代の貴族たちの間で大流行しました。さらに香道の諸式が定まったのは、足利義政の時代と言われています。

葬儀などでのお焼香は、焼香台の前で遺影に一礼して合掌します。香を親指、人差し指、中指で軽くつまんで捧げ、静かに香炉にくべるのです。さらに再び、合掌礼拝します。焼香の作法は宗派によって異なります、浄土真宗ではお香をつまんでも捧げません。さらに、くべる回数にしても臨済宗、日蓮宗では3回、浄土真宗、真宗では本願寺派が1回、大谷派は2回です。

ある葬儀の読経中に、「ドシン」と豪快な音をたてたかと思うと、転がる参列者がいました。お焼香に立ち上がった際に、足のシビレで転んだのです。ここに、ある坊さんによるおもしろいハプニングのエピソードをご紹介しましょう。

その坊さん、お経を読み始めてから15分ほど経った頃、彼の背筋になにか得たいの知れないイヤな戦慄を感じたと言います。「仏が成仏できずに取り憑いてきたのか」と思った途端に、ガバッとその坊さんの上になにかが覆いかぶさってきました。普段からあまり事に動じない坊さんですが、このときばかりは驚き、「ギャッ」と大声を出したと言います。

なにがかぶさってきたかと言いますと、参列者の女性がシビレた足を絡ませて、その坊さんの上に転がり込んできたのでした。その葬儀場は厳粛な場とは打って変わって大笑いです。やっとその坊さんも状況を把握してホッとひと息です。

しかし、絡みついた彼女となると、なかなか立ち上がることもできずにまだバタバタしています。もちろんのこと、読経は中断となりました。まもなく、慌てふためいて走り寄って来たご主人に抱きかかえられて後ろの席に戻って行きました。

しかし、問題はこの後です。転げた女性は長男の嫁さんで、前列に坐る喪主の義母は怒りと恥ずかしさで身体をワナワナ震わせていますし、参列者は緊張感を失いつつも笑いを必死でこらえている状態だったと言います。再び読経を再開した坊さんにしても、「ギャッ」と叫んで動揺したご自身がさぞかし情けなかったでしょう。

しかしながら、これらをうまくまとめるのが坊さんの役目です。読経が終わった後で、その坊さんは不機嫌そうな喪主に向かってひと言告げました。

「お父君はいつもおっしゃってました。息子の嫁は、じつに愛嬌があって可愛いと。そう、いつも褒めてましたよ。今日も天国から、おそらくはほほ笑んでいるに違いありません」と。

坊さんも実践している「足のしびれを取る方法」

「坊さんは、なぜ足がしびれないのですか」とよく聞かれるそうです。「修行のおかげです」などと答えてみても、本当はやせ我慢で、十分しびれているわけです。ほとんどの坊さんは、皆さんと同じようにしびれています。

中には一日中座っていてもなんともない人もいることはいますが、さももっともらしく平然とした顔で読経している老坊主にしても、30分も経てば膝から下の感覚はほとんどないはずです。

しかし、要領さえ覚えれば、立ち上がって引っくり返るようなブザマな目に遭うことはないはずです。要領とはつまり、読経が終わった後で半立ちになりながら、一度足のしびれを抜くのです。当然、それを後ろの参列者の檀家に悟られてはいけません。半立ちになりながら仏壇の中をいじったりして、なにか意味のある作法のように振る舞います。

足のしびれのために坊さんの顔は歪んでいますが、どうせ誰にも見えはしないわけです。そして、しびれが落ち着いた頃、ゆっくり立ち上がればＯＫです。坊さんもこれをマニュアルにされたらいかがでしょうか。

しかし、こうした要領も慣れるまで時間がかかるものです。事実、読経を終えた坊さんが退出の際にスッ転ぶことがよくあるといいます。なにせ、一度転んでしまうと大変です。

すぐ立ち上がろうと当の本人の坊さんは必死にもがいたとしても、なにしろ足がしびれているために立ち上がれません。やっとのことで立ち上がったと思ったら、再び転がったり、揚げ句には大事な燈明《とうみょう》に手を引っかけて油をかぶったりと、見るも悲惨な状況に陥ってしまいます。坊さんの世界では、転んで油をかぶれば一人前だと言われています。

しかし、法事程度ならまだしも檀信徒が笑ってすむこともありますが、葬儀という本番の出たとこ勝負では冗談にもなりません。参列者である檀信徒の冷たい視線の中でジタバタするハメになるわけです。

失敗してしまった当人の坊さんにすればかなりショックで、穴があったら飛び込んで入りたい気分でしょう。さらに、その坊さんのジタバタする姿を見て笑いをこらえる檀信徒にしてみても、かなり辛いものがあるのではないでしょうか。

「読経中に腹痛」フンばりすぎた坊さんの悲劇

以前、ある坊さんが読経の真っ最中に突然腹を下してしまい、トイレに駆け込んで大騒ぎになったことがあります。坊さんとしてもかなり限界までフンばったとみえ、駆け込む寸前でソソウをしてしまいましたから、これまた大変です。

読経はストップするは、法事の式場には異様な匂いが立ち込めてしまうは、全く法事どころではなくなったと言います。葬儀ではなく、17回忌ということが唯一の救いでした。

「あんなケースに遭遇できるのは滅多にないことで、逆にウンが良いのかもしれませんぞ」とは、後でその坊さんが言った弁明です。さすがにお布施は辞退したと言います。まあ、当然でしょう。

このようなシモの心配はかなり切実です。この坊さんのケースのように突然、腹痛のため下痢に襲われることもあれば、おしっこが我慢できなくなることもあります。

とりわけ、規模の大きな葬儀では式自体が2時間にも及ぶこともあり、冬の寒い時期などは万全の体制で臨んだとしても失敗する可能性があります。なにしろ、生身の体、自然の摂理には坊さんとて逆らえないのです。

ひとつの心得としては、読経の前には水もお茶も一切口にはしません。さらに、冷える日には法衣の下にダウンの下着を着けます。退出の際に、法衣の中から使い捨てカイロを落として檀信徒の苦笑を買った坊さんがいましたが、下痢でトイレに駆け込むよりもまだ可愛くマシでしょう。

屁に関しては、彼ら坊さんは平気でこきます。まさに「出モノ、はれモノ所かまわず」で、ムズムズッと予感がしたら「カネ」をデカい音で叩いてごまかせばＯＫなのです。ただし、音は防音措置で消えても匂いは残りますが……。

シモの心配とはちょっと違いますが、読経の最中に居眠りをする坊さんが意外に多いのです。しかしながら、慣れとは恐ろしいもので、寝ていてもお経はきちんとあげているものです。さすがにここらへんは、修行の賜物、昔とった杵柄というものでしょう。皆さん坐っていれば、後ろの檀信徒にはわからないものです。

ところが、ある坊さんは熟睡していたのか、居眠りの度が過ぎてついにゴロンと前かがみに倒れ込んでしまったから大変です。周りの弟子たちは「脳溢血だ」と騒ぎ立てるし、当の坊さんは起き上がるに起き上がれなくなって、間もなく到着した救急車で病院へ運ばれてしまったと言います。さぞかし、参列者の檀信徒には苦しい弁明をしたに違いないはずです。

坊主が嫌いなワーストスリーは「ジジ・ババ・ガキ」

坊さんにとって法事や葬儀の際に腹立たしいもののひとつが、うるさいガキどもでしょう。とりわけ2〜9歳くらいの子どもは、うるさくてかないません。本堂をバタバタと走り回っていたかと思うと、今度は仏壇をいじくり回して「カネ」や木魚を叩いて遊んでいます。

その木魚ですが、これは中国で生まれた仏具です。インドやタイ、ミャンマーの仏教では一切使われていません。当初は、廊下の壁に掛けられて坊さんたちの集合を促すために鳴らされていましたが、明の時代に現在のような形の木魚が現れ、読経の際にリズムをとるのに使われ始めたました。魚の形をしているのは「昼夜を問わず目覚めている魚を打つことで、怠ける者を戒めるためだ」と言われています。

さて、やっとガキが走り回るバタバタが静かになったかと思うと、今度は隠れんぼと称して仏壇の下や押し入れの中、果ては庫裡《くり》の中にまで侵入して身をひそめているのです。坊さんが怒鳴っても叱っても、ちっとも言うことを聞きません。さらにまた、親がその悪ガキたちを平気の平左で放ったらかしておくことにも腹が立つものです。

もとはと言えば、「葬儀の席に小さな子どもを参列させることがおかしい」と、ある坊さんは言います。どうせガキどもには葬儀がなんなのかわかるはずもなく、参列させたところで人が集まっていることから興奮するのが関の山で、なんの意味もないものです。それでもなお子どもを同伴されたいのなら、きちんと面倒を見ていただきたいものです。

その子どもの次に迷惑なのが、ノロノロと時間をかけて焼香するバアさんとジイさんではないでしょうか。読経が終わっても、まだのんびりゆっくりとマイペースで香を摘んでは落とし摘んでは落とし、揚げ句に畳に額を付けて頭を下げている始末です。坊さんにとってみても、「早くしなさい、このうすらジジィ」と内心叫んでいることでしょう。当然、顔は笑ったままなのですが……。

このような腹立たしいことばかりの葬儀ですが、たまに美しい女性の参列者がいたりしますと、すべてがバラ色に見えてくるから不思議なものです。読経すら、つい艶を帯びた声色になるようですが、どうしたものでしょうか。

坊さん不足で葬儀屋とツルんだエセ坊主が荒稼ぎ

最近、エセ坊主の横行が目立っています。とりわけ坊主の人員が大幅に不足している都会では、「坊主斡旋業者」なる職種が登場して葬儀屋とツルみ、エセ坊主を使って荒稼ぎに乗じている様子です。場合によっては新聞に堂々と「僧侶急募、資格の有無は不問」などといった募集広告まで出しています。

ここで雇用されたエセ坊主は、すぐに基礎的な坊主の「実践マニュアル」をたたき込まれ、2~3日後には袈裟を着て、ある葬儀場で読経している始末です。ついこの間までチンピラだった男が、全くなに食わぬおすまし顔で祭壇に向かい、「色即是空、空即是色」と『般若心経』を読み上げているのです。

当の参列者たちにしてみれば、故人のことで頭がいっぱいですから、エセ坊主と気づく人はまずいません。なぜか耳ざとく口ウルサイ老婆がお経の誤りを指摘することもあるようですが、それでもまさか、いまお経を読んでいる人がエセ坊主だとはよもや思わないでしょう。

読経だけで済むならまだしも、彼らは戒名にまでタッチすることがあるのです。

経典や仏教辞典の中から適当にそれこそいい加減に漢字を見つけ出し、さももっともらしい６文字、さらには９文字をつくりあげてしまいます。これで「布施プラス戒名料は戴き」となるわけです。

葬儀屋にしてみれば、下手にプライドの高い本物の坊さんよりも、この柔順なド素人坊さんのほうがよほど使い勝手がいいに違いありません。いずれにしても、やることは大して変わらないのです。

実際、「本物とニセ者の坊さんの違いはなにか」と聞かれても、坊さんにもよくわからないのです。本物の坊さんでも読経が下手くそな者もいれば、読経の最中にずうずうしく眠り込んでしまう者もいます。戒名にしても、どの道それほど考えて付けているわけではありません。ならばお経と戒名の有り難さについては、ニセ者となんら変わりがないといえます。

数年前、仏教界のブラック業界誌に「私は坊さんの資格もないのに大きな葬儀で読経しました」といったエセ坊さんの告白記事が出ました。見出しには「爆弾発言」と書いてありましたが、別段、爆弾でもないでしょう。

なぜいまになって告白したのかといえば、「あまりのエゲツない会社のやり方に抗議したくなった」とのことです。果たして、坊さん斡旋業界がどんなやり方をしているのか知りませんが、しかし、実のところ本物の坊さんにしてもエゲツないのは同じことです。

読経する姿勢についても、お布施の金額設定にしても、本物の資格だけの坊さんが「ご清潔」などとよもや思うわけがありません。葬儀に出席したのがニセ坊主だったにせよ、その後で故人が成仏できずに祟ったといった話は聞いたことがありません。であれば、坊主なんぞ誰がやったってかまいやしないということでしょう。たとえば宅建業者なら重要事項の説明の際、「宅建証」を呈示しますが、坊さんには本物か偽物かの第三者によるチェック機関がありません。

最も有り難いお経『三部経』を頼むと嫌がられる

お経は宗派によって多少の違いはあるものです。しかし、どれも釈迦に由来するものですから、ルーツは同じです。最初に大陸（中国）から持ち込んだ各々の宗祖が、どの部分のお経を重要視したかで宗派が分かれたわけです。

たとえば、信者の多い親鸞聖人が宗祖の浄土真宗などでは、『浄土三部経』を基本経典としています。このお経は、『阿弥陀物』、『無量寿経』、『観音量寿経』の3

つを併合したものです。真宗では、いちばん有り難いお経とされているようです。しかし、このお経は全部読み上げるとなると最低2時間はかかります。高額のお布施が出る法事ならば坊さんとしてもやり甲斐はあるのですが、檀信徒に『三部経』をお願いします」などと依頼されると大いなる迷惑のようです。

どのみち、檀信徒はお経の重みなど大してわかりはしません。ただ、「いちばん長いお経であり、いちばん重いお経である」と小耳にはさんだプライドの高い見えっ張り連中が、このような頼み事をしてくるようです。

なにしろ『三部経』といえば、昔は田んぼ1枚売らなければとてもあげてはもらえないほど貴重なお経です。一生に一度でも接する機会があれば、お年寄りは涙を流してありがたがったシロモノです。

ところが最近では、「お布施さえ出せばやっていただけるのでしょう?」みたいな感覚で依頼してくる非常識な人間が増えてきたと言います。坊さんとしては「どうしても」と言われれば断るわけにもいかず、頑張ってやるしかないわけです。しかし檀信徒とて、正座した状態でお経を2時間聞き続けるのは至難の業です。

読んでいる坊さんも辛いが、参列者たちはもっと辛いのです。苦行に近いものがあります。普通の人が我慢できる読経の時間は、せいぜい20分が限度でしょう。30

分も経てばざわめきたち、「あとどのくらいか」と言った声が聞こえてきます。揚げ句に、読経の済んだ後で「この『三部経』ってなんですか?」といった質問に、坊さんは肩の力が抜けてしまうわけです。

そこで、最近の浄土真宗の坊さんたちは考えました。『三部経』はあまりにも長い。毎日毎日2時間も読まされていては、ポリープで喉をやられてしまいかねません。であれば、いっそのこと「ムダに長いこの『三部経』を削ってしまおう」ということです。

このように、有り難いお経は無残にもブツブツと鋏《はさみ》が入れられて半分に短縮されることになったのです。なかには、それでも「長くてかなわない」といった坊さんもいるため、依頼者である檀信徒が『三部経』を知らないケースについてはひとつの経を3つに分けて、唱えて、『三部経』に見立ててごまかしているようです。気をつけましょう。

第5章　信仰心を試す「お布施」という名の踏み絵

「檀家をチェック」坊主たちの報復が始まった

昔の坊さんは、法事の帰りに酒屋に寄って、戴いたお布施をそのまま飲み代として使い果たすような輩が多く存在しました。中身が一体どのくらい入っているのかも確認せずに、女や博打にばらまくのが常でした。

ところが、「宗教法人法」が施行されてからは、そのような不明瞭極まりない収支は税務署のお叱りを受ける的になり、最近ではどんな坊さんでも抜き打ちの査察に備えてか、渋々と慣れない帳簿を付けています。

「いつ、どこで、誰に、いくら」戴いたのか、とても細かい単位までしっかりチェックするようになったのです。このことは、実に面倒な作業でしたが、同時に坊さんたちは新たなる発見をそこに見いだしました。

事細かにチェックを重ねていくと、どの檀信徒が年間にどのくらいの額のお布施をお寺に入れているのか、はっきりと確認できたのです。坊さんも一度興味を持つと、事がお金だけに夢中になっていきます。

「△○さんのお宅はいくらくらいなのか」

「△□のヤツ、こんなに少ししか入れてない！」

などと、一軒一軒のお布施の入金状況を丹念にチェックして、あまりにもケチな檀信徒に対しては、その後の態度も変わっていくようです。

ある坊さんは、主要な檀信徒以外はお布施の値段どころか檀信徒の顔すら思い出せない有り様でしたが、手書きの帳簿に限界を感じ、数年前からパソコンを導入して各々の檀信徒の明細をすべて打ち込んでいます。頭文字ひとつずつプッシュすれば、その檀家のデータがひと目でわかるようにしたそうです。その坊さんの檀信徒の総数は500軒以上です。

檀信徒の支払いの高額者ベスト10ならびにワースト10を毎年作成しています。普段、お寺とあまり交流のない高額者については、わざわざ営業（挨拶）に出向くこともあると言います。その反対に、ワースト10にランク入りされた檀家は、お参りに行ったとしてもごく短い読経で済ませてサッサと退坐です。その檀家から戴いたお布施に対して「有り難うございます」なんて口が裂けても言いません。

「地獄の沙汰もお金次第」――いままで坊さんがお金にルーズなのをいいことに、捨て金でごまかしてきた檀信徒への「坊さんたちの報復」が始まっているのかもしれないのです。

お布施をもらっても坊主は頭を下げてはいけない

「△△寺のアノ坊さん、お布施を奮発したのに頭を下げようともしないネェー」との檀信徒からのお叱りは、ごもっともなことであります。しかしながら、坊さんが頭を下げないからには、それなりの理由・事情があることもご理解いただきたいのです。

まず大切なのは、「お布施は坊さんへの報酬ではない」ということです。お布施というのは、あくまでも「坊さんを介在とした仏に対しての無償の善行為」であります。人々はお布施を出すことによって、思わず知らずのうちに功徳を積んで、俗世間の垢をひとつずつ浄化した「仏の道」に一歩、さらに一歩と近づくことになるわけです。

世界に目を転じてみれば、敬虔なる仏教信徒、タイやミャンマーの人々を見ても一目瞭然です。道行く坊さんに対して、誰もが功徳の行為を欲してやまないのです。お布施を出してなお、坊さんに手を合わせて敬愛の念を示すのです。彼らは、坊さんに対して絶対に見返りや感謝を求めたりしないはずです。

このタイ、ミャンマーでは、お布施を渡されたときに坊さんが頭を下げようものなら、それは無償の行為ではなくなってしまうのです。それではせっかくの人々の功徳は帳消しになってしまいます。お布施を渡した人間が、坊さんに感謝の念を求めたりしようものならば、即時にそれは「偽善」となってしまいます。

だから坊さんは頭を下げないのです。人々の功徳をムダにしないためにも、敢えて仏頂面でお布施を戴くのが原則です。逆に、「本日は誠に有り難うございました」なんぞと殊勝ぶる坊さんこそ、すなわち悪徳坊主と言えるのです。

とはいえ、ここ日本ではほとんどの坊さんが頭を下げているのが現状です。毎度、極上の笑顔で頭を下げているのです。葬儀・法事をメインとした「檀家制度」という集金システムに胡座をかいた坊さんにとっては、なにしろお布施は唯一の収入源です。功徳云々だのといった理屈は、無宗教・不信心ものの日本人には通用しないのです。

だから、檀家がわざわざお寺を訪れて「お布施です」と大根を持って来るならば、たとえお寺の裏の蔵によそ様からの大根が100本山積みになっていようとも「お初の大根を有り難うございます」と、満面の笑顔で頂戴することになります。頭ひとつ下げれば、檀信徒は喜び、坊さんは豊かになっていくのですから。

年金暮らしのばあさんがお布施に払った金額は？

ある坊さん曰く、かつてある檀家から葬式を依頼されたときのことです。その家自体が極端に貧乏で、遺族はばあさん１人ということから、おそらく渡されるお布施としては１万円くらいの心積もりで、その日はゆっくり出かけたと言います。

葬儀場は思った通りの慎ましやかな祭壇で、さらに参列者の人数は５～６人といったところでした。その坊さんは、「やはり汚い袈裟を身に着けて来たのは良かった」と内心思ったそうです。

そこで、いちばんシンプルな短いお経を５分程度ですませ、お布施だけ手にすると、用意されたお膳も丁重に断ってサッサと退散してきたと言います。普段は帰りの車中でお布施の金額を確認するのが常ですが、この日は次の日まで開封しませんでした。

しかし翌朝、寝ぼけ眼でお布施の袋を開けてみてビックリ仰天です。なんとそこには、15万円もピン札で入っていたのです。その家の経済状態を思案すれば、15万円の出費自体、相当苦しいに相違ありません。しかも、ばあさんには身寄りもなくて国民年金だけが命綱という状況です。15万円は、ばあさんにとって4カ月分の生活費にさえ値するかもしれません。

そのばあさんの15万円は、年収８００万円の人が出す１５０万円より価値があります。そのときばかりは、さすがにその坊さんも深く反省したと言います。せめてもっと一生懸命にお経をあげればよかったと。それ以後、この檀家に法事に行った際には、葬式の分まで、一生懸命、読経することにしているようです。

豪華な葬儀のウラでお布施をケチりまくるお医者様

お布施とは元来、身を削って出すシロモノでした。自らの生活さえままならない状態であっても、惜しみなく仏に利益を分配するといった姿勢が、功徳の証とされてきたのです。本来、布施には物質的な「財施」、安心を与える「無畏施」、教えを説く「法施」の3種類があります。

また、お布施とは悟りに至るための6つの実践徳目「六波羅密」の第一に置かれています。それは、「身体」、「心」、「言葉」の三業によって人に施すことが、欲を断って迷いの世界を離れるためのいちばん有効な手段というわけです。ところが、現世の豊かな国ニッポンではどうでしょう。身を削るどころか、金額を削ってなお「坊主丸儲け」などとブツクサ文句まで言っている者がいます。それが金持ち連中ですから、また許せません。

最たるドケチは医者連中です。年収数千万円、いや数億円とも思える資産を持ちながら、功徳のために支出することはほとんどありません。彼らにとっていちばん大切なのは、表面的な取り繕いなのです。

ですから、葬儀自体は見栄の張り倒しともいうべき大イベントを繰り広げて、「金に糸目はつけません」と豪語するわけです。レーザー光線が飛び交う式場セット、金ピカの祭壇、喪主はヒスイの数珠を持ち、ブランド物の喪服で参列します。

集まった人々は、思わず「やっぱり医者は違う」と、ため息をつくに違いありません。しかし、その裏の場面でこっそりと坊さんに渡すお布施に関しては、大幅に「ディスカウント・プリーズ」なのです。誰の目にも見えないところには、お金はかけたくないらしい。

揚げ句に、坊さんに対して「壮々たる参列者の面子に、失礼のない程度の長いお経をお願い致します」とは、これ如何に！　なにをもって失礼というのでしょう。そちらこそが失礼ではないでしょうか。

そもそも葬儀とは、故人の冥福を祈る行事です。お祭り騒ぎで参列者を接待する場ではありません。本来、坊さんの読経こそメインであってしかるべきはずです。祭壇や柩にお金をかけている余裕があるのならば、坊さんの骨折りに全額投資してもバチは当たらないでしょう。葬儀代に８００万円、お布施80万円では、納得できません。見栄を張った祭壇の費用と同額くらいは、お布施にも見栄を張ってもらいたいものです。

坊主にもわからないマカ不思議なお布施の相場は？

現実問題として、お布施の値段はいくらが適当でしょうか。まずはいちばん高額になる葬儀のお布施ですが、都心部では最低30万円、地方でも20万円を下ることは少なくありません。

いずれにしても上限はないに等しく、数百万円、時として数千万円になることもあるようです。平均をあげるなら、40～60万円程度となっています。金額が大きなケースでは、小切手か銀行振り込みで受け取ることになります。

私の友人の坊さんが、実際に手にした最高額は３００万円です。年収80億円と言われた中小企業のオーナー社長の葬儀でしたが、現金払いだったと言います。ズシッとした手応えはかなり気持ちいいものだったようです。

なにしろ、お布施ときたら「志」が基本理念ですから、はたして10万円が安すぎるのか、はたまた数千万円が高すぎるのか、誰にも予測不可能です。仏様にだってわかりはしないはずです。

ただひとつ確実に言えることは、受け取る側の坊さんにとって満足・納得のいく値段か否かということです（おかしな顧客満足度です）。よく檀信徒などから、お布施の相場を尋ねられた際には「年収の1割ぐらいが適当でしょう」などと、しごく当然のようにしたり顔で答えている坊さんがいます。もちろん、これはなんの根拠もありません。その坊さんが「1割はほしい」と思っていることの裏返しでしょう。

最近では、葬儀屋に負けるものかと、お布施および戒名料などをランク別で書き出し、パンフレットはおろかホームページも作成し、依頼者に選択させている坊さんも多くいます。いかにも合理的で、曖昧模糊を売りとしてきた仏教にとっては不似合いな気もしないではありませんが、利用者の評判は上々だといいます。その坊さんの話では、平均値より1ランクか2ランク上が人気らしいのです。

「この方法だと最低ランクが設定できるので、安心して心おきなくお布施を戴くことができます」と、坊さんは言います。たしかに葬式に無知な家庭の人間が、時として驚くようなわずかな金額を包んでくるケースもありますが、相手の檀家が真剣であれば、心から感謝して坊さんは受け取るべきです。本来、お布施に高い安いなどありません。気持ちだけで十分なのですから。

法要の檀家回りの順番にも坊さんの思惑がある

坊さんの世界ですと、葬儀以外では月ごとの「月忌」、または「年忌」法要でもお布施が出ます。年忌法要とは、1周忌からスタートして、3、7、13、17、23、27、33、50と全部で9回も行う習いになっています。

地方によれば、23周忌と27周忌の間をとって25周忌とするケースもあります。最近では、親族自体が全国各地に散在しているために、一堂に会すのがとてもむずかしく、2人分、3人分の法要をまとめて行う家庭も多いものです。その月忌でのお布施は1万円程度、年忌では5万円程度が坊さんのポケットに入るのです。都心部では、この倍額以上になっているところも多いようです。

いずれにしても、葬儀に対して額面は低いわけです。その分、坊さんとしては数で勝負と相成ります。法要としては、ほとんどが日曜日に集中するために、1日に4〜5軒掛け持ちになることも珍しくありません。そのためには、法事に出かける順序を優先順位、つまり、お布施の金額をあらかじめ設定して、それに応じて回ることにしている坊さんが多いのです。

仮に法事へ行く時間帯としては、昼食時に合わせて行くのがいちばんの礼儀です。その法務の後で、檀家さんと一緒に雑談に興じながら食事を戴くというのが本来のマナーです。ですから、最優先すべき檀家をお昼時にあてることになります。

もちろん、ここで言ういちばん大切な檀家とは、すなわちいちばん高額のお布施を戴ける檀家のことです。地方の住職のケースでは、各々の檀家との付き合いは長く、どの家でどのくらいのお布施が戴けるのかは、すでに承知ずみです。ドケチな檀家へは朝の9時半頃に行き、短めの読経を上げてサッサと次の檀家に向かうことになります。

しかし、時として思惑が外れ、本命と目論んだ家で長々と法要した後で、「なんだこれは！」と怒り心頭に発するような額のお布施を渡されることもしばしばあるのは事実です。ですが、こればかりは文句など直接言えません。せめて再び仏壇に向かって、先祖たちに恨みツラミを依頼するくらいが、坊さんとしてのかすかな抵抗でしょう。

まさにお布施というのは宝くじに近いものです。フタを開けてみなければ、一体どのくらいのお金が入っているのかすらわかりません。慣れれば、袋を持ったと同時におよその見当はつくのですが、それでも坊さんにとっては、すでに読経が終わった後の祭りです。努力を施したからといっても報われるものではないのです。

中には、読経後に「お布施というのは義務ですか」と、皮肉まじりに言う檀家がいます。彼としては当然のことを申し上げたわけですが、坊さんから見れば、じつに嫌みな檀家でしょう。

「お布施は義務ではありません。しかしながら、おたくのような方はせめてお布施でも出して功徳を積まれないと、死後、後悔しますよ」と坊さんが言い放つと、どうやらその人は苦笑いを浮かべつつもピン札30万円を出したと言います。

坊主のホンネ「届け物はお金にしてほしい」

とにかく、いまも昔もお寺はやたらめったらもらい物が多いものです。日々新たにどこからとなく誰かがやって来て、お菓子だのお酒だの珍味だのを置いて行きます。一度でも口をすべらせて「以前戴いた漬物は美味でした」などと言ったら、数日後には山盛りの漬物が届きます。その噂を聞き付けた人々が、さらにこぞって「ぜひともうちの漬物も」と持って来ます。坊さんがいくら漬物が好きでも、これには途方に暮れるでしょう。

米俵であればウラで買い手もつきますが、漬物では引き取り手がいません。仕方ないので、少しずつ味見をした後に、夜を待って本堂の裏庭にこっそり埋めてしまう坊さんもいるそうです。

こうしたことはなにも建物に限らず、季節の野菜、卵、肉…… すべてが同様の有り様です。坊さんも「いらない」と無下に断るわけにもいかず、ただただ裏庭の土が肥えていくばかりです。

都市部の常識としては、お布施はお金となっていますが、地方では品物で贈ってくる檀家が少なくありません。このような地方のお寺の蔵の中には、ほとんどが季節ごとの野菜やら米俵が山積みになっています。

戦前まではお米の値段は高くて、現物で戴ける喜びは大きいものでした。さらに江戸時代ともなると、米俵が寄贈されるのはお寺か大名かといった具合でもありました。

しかし現代では、俵でお米を戴いても困ってしまいます。ときには50キロの俵を7俵も一度に贈ってくれる檀家もあると聞きます。見栄えがいいからといって、お寺の境内に7俵も積み上げていくのは当の坊さんにとっても困惑そのものでしょう。たとえいくら大飯食らいの坊さんの家族とはいっても、350キロ分のお米は食べ切れないものです。虫が付く前にどこかで誰かに半値でも売りさばくしか手立てはないではありませんか。

そんな中、お寺の事情を察知してか密かに買いに来る連中もいるわけです。「決して口外は致しませんので」と、まるで戦後の闇市場のノリでやって来ます。さらに値引き交渉までしてきますから厚かましいものです。半分以上の値段では断じて納得せず、彼らとしては「無料で戴いたものでしょう」と言わんばかりにディスカウントしてきます。

坊さんとしては腹立たしくもありますが、安易にこういう人の機嫌を損ねてしまうと後が怖くなります。一体なにを流布されるかわかったものではありません。そしてまた、こういう人にでも売り付けてしまわないと処分しきれない事情もあるようです。とどのつまりは半値を少し切る程度で交渉成立となります。

その坊さんとしては、大損でしょう。タダでその米俵を戴いたとはいえ、それは坊さんの立派な報酬です。お経を上げた見返りとして戴いたものです。その坊さんは嘆きます。「檀家のみなさん、いかにフレッシュな野菜よりもどんなに生きのいい魚よりも、お金のほうが嬉しいに決まっています」と。

こうした事情からか、「できれば届け物はお金にしてほしい」と願う坊さんは多いに決まっています。せめて図書券でもガソリン券でもいいと思うのでしょうが、不思議なことに坊さんほどめったやたらと物をもらう職業も珍しいし、私にとっては戴くこと自体が贅沢な悩みに聞こえるのですが、いかがでしょうか？

知っておきたい「お布施」の常識・非常識

通常、葬儀の読経は2人以上の坊さんで執り行うことになっています。場合によっては5人、10人で揃ってお経を読み上げることもあるようです。このようなケースでは、最初に依頼を受けた坊さんが、顔なじみの坊さんに声をかけて人数を集めることになるわけですが、お布施の扱いとなると、当然、最初に依頼を受けた坊さんがいちばん多額の割り当てを戴く手筈になっているわけです。

しかし、現実にこのような葬式の段取りを知らない一般家庭では、一律のお布施を用意しているケースがあります。これは坊さんにとっては困りものなのです。手間暇かけただけの考慮はしていただきたいものです。

さらに、2人以上の坊さんが来ているにもかかわらず、1人分のお布施しか出さない家もあります。1枚の封書に入れて、当然のごとくポンと差し出すわけですが、ある坊さんは「2人おりますので」と言うと、檀家サイドでは「勝手に2人で来られたのでしょう」とばかりに請け合いません。これではこの坊さん、ほかの坊さんを招集したのに面目丸つぶれです。こういう檀家に限って、お布施の金額が安いのですから、2人で割ればガキの小遣いにも及びません。

こうしたケースはトラブルになりますが、間に入っている葬儀屋の責任でもあります。最初に説明しておいてくれればスムーズに事は進むものなのです。中には、葬儀屋が「知らぬふりを押し通せば1人分ですみます」などと遺族に入れ知恵を授けるケースもあるようです。坊さんの読経料を安く上げた分、逆に「豪華な祭壇を造りましょう」と持ちかける魂胆なのです。

どっちもどっちだと言いたいところですが、読経のお布施をケチれば功徳は帳消しで、祭壇の下に眠る故人も浮かばれません。現代の世でいま一度、葬儀とはなんであるのか、誰のための葬儀なのかをしっかりと考える時期にきていると思います。

第6章　商売人も顔負けのお寺の仏門ビジネス

「先祖供養」を名目にお布施を集めて潤った寺院

江戸時代初めに「本末寺制度」（各宗派の寺院を本山・末寺の関係に置くことで宗派の統制を図った幕府の制度）ができた頃、末寺の大部分は小さなお堂くらいのものでしたが、「寺請制度」（寺院から檀信徒である証明を請ける制度）が整うと、檀家のお布施が義務づけられ、立派な本堂が造られるようになりました。そして、「町や村のいちばん大きな建物がお寺」という風景が普通になったのです。

幕府や諸藩は寺院を住民統制に利用しましたが、その建物自体が豪勢になることを好みませんでした。それは、税を取る人民の疲弊を招くという理由からです。そこで、1665年の「諸宗寺院制度」で仏閣の修復は美麗にならないように定めているほか、1704年には寺社の法会《ほうえ》（仏法を解いたり供養を行うための僧侶・檀信徒の集まり）に対する「倹約令」を出すなど、たびたび戒めています。

しかし、商人が富を蓄え、農村でも豪農が成長してきますと、お布施は盛んになって法会も派手になりました。それには隠元が伝えた中国式の派手な法会の影響も大きかったのです。盛大な法会には多大な費用を要したのですが、経済的に困窮した武家でも先祖の供養には大きな費用をかけるようになりました。

武家社会の家格と家禄は、関ヶ原の合戦以来の先祖の手柄、忠勤を源泉とする過去指向型でしたから、先祖供養を軽んずることはできず、50回忌や100回忌なども行われるようになりました。それによって寺院は潤い、各宗の本寺ともなれば広壮な伽藍を誇るようになったのです。

先祖供養の儀式や墓地と寺院の結び付きも強まって、町や村などの地域社会における寺院の役割が固まり、各地の習俗と一体となって定着しました。

ちなみに、古代には豪族の古墳のような壮大な墓地が営まれましたが、次第に簡略化し、平安時代には遺骸を野辺に打ち捨てる風葬も広まりました。しかし、室町時代には大名の菩提寺で立派な墓石が目立つようになりました。さらに江戸時代中期には、庶民も寺院に墓石を建てるようになりました。ただし、墓地の形は地方の風習による違いが大きいのです。

農村では一族ごとに山際などに墓地を持ち、菩提寺の僧侶によって葬儀・法事を行うことが多いのですが、江戸や各地の城下町では寺院に墓地がつくられるようになり、盆・彼岸の供養や年回忌とあわせて墓地も寺院が管理するようになりました。

「御利益ビジネス」で稼ぎまくる寺院の面々

莫大な観光収益に味をしめた京都の各寺院を見習って、日本各地の観光地では、いまや坊さんとしてのお勤めなどより、拝観料に続く商品としてのヒット企画の捻出に余念がありません。

例を挙げますと、奈良のA寺の「写経作戦」があります。まず、お寺へ拝観しに来た観光客に対して、「般若心経の写経を体験してみませんか」などと呼びかけて希望者を募り、半紙と筆を渡して写経を楽しんでもらうというものです。参加者の所属宗派は一切不問であり、各々書き終わるとお寺が受け取って仏様に納めるシステムになっています。

このヒット企画の大きなミソは、奉納金にあります。仏様にお経を納めるには、なぜか1人につき1000円かかるわけです。多分、「1000円のお布施で功徳を積み、満願成就して差し上げましょう」ということらしいのです。

拝観者にしてみれば、たった1000円で御利益があるならば、ものは試しでやってみようとその気になるものです。常に40〜50人くらいの行列で、拝観者は慣れない手つきで筆を走らせています。坊さんはただそれを見守るだけです。放ったらかしでも、1時間で数万円が転がり込んできます。

収益以外にもこの企画のメリットがあります。それは、拝観者を集客する宣伝効果です。お寺のユニークな行事に、マスコミ各社がこぞって飛びついてくるのは目に見えます。知名度さえ出れば人気商品になり、定着することは間違いありません。

なにしろ「写経」と言えば、いかにもお寺にマッチングした行事です。お金を取ったとしても、批判する者はいないでしょうし、お寺を訪れて情趣を満喫するにはもってこいの企画です。

かくして、噂が噂を呼んで拝観客がなだれ込み、この企画は大成功となりました。拝観料プラス奉納金で、お寺は念願の西塔や金塔などを建立したのでした。現在、各地のお寺で似たような企画が盛んに行われています。

「ボク、自分の布団でないと気持ち悪くて眠れません」

一般の俗世社会からドロップアウトして僧職の世界へ飛び込んで来る人々は、なにかしらトラブルや苦悩を抱えていたり、真に悟りを求めて燃え盛る求道心《ぐどうしん》に裏打ちされている場合が多いものです。ですから、修行に対して多少のことには動揺しないほどの真摯な心根があるものです。かなりきつく辛い修行でも難無くクリアしていきます。

彼らにしてみれば、逆に苦行で心身を痛めつけているほうが、なにも考えずにすむからラクなのかもしれません。中には、マゾではないのかと思うほどに雑行苦行ばかりに向かってくる人もいます。とにかく目茶苦茶に頑張る人が多いのです。

それに比較するわけでもありませんが、お寺に生まれ育った小僧たちの根性なしときたら、目も当てられません。とくに地方の片田舎の小僧です。幼少時より若様待遇で大事に可愛がられてきているために、忍耐ということに慣れていません。辛い、痛いことは全部パスです。

「私を痛い目にあわせると親父に言い付ける」とは、ある高名なお坊さんのご子息です。どうやら、プライドだけは人に負けず劣らず一人前です。甘ったれ小僧の代表的なケースをご紹介しましょう。

その彼は、とても裕福な禅寺のボンボンでした。学校時代は優秀な成績で卒業してきた彼ですが、修行道場に入ったときのことです。初日から苦しい修行を半日もクリアできずに途方に暮れていた彼は、２日目の夜を迎えました。

禅寺の専門道場では、柏布団と言って就寝用の布団は各自1枚しか支給されません。要するに、掛け布団と敷布団の区別がなく、ただ1枚で柏餅の葉っぱのような布団をうまく折り畳みながら身体に巻き付けて眠ることになります。

気温が0度以下の真冬の夜に、このボンボンもほかの坊さんたちと一緒に1枚だけ支給された布団に身をくるませようとしました。が、彼は突然、泣きべそをかいたかと思うと、こう言い放ちました。

「この布団はボクのではありません。ボクの昨日の布団を誰かが持っています」

ここは男ばかりの厳格そのものの専門道場です。誰がどの布団を使うかなどと決まっているはずがありません。

しかし、彼はどうあっても「自分の布団でないと気持ち悪くて眠れない」と言うので、さあ大変です。印を付けているわけでもないし、誰が昨日使った布団かなんて、当人ですらわかりません。ただ、現実にいま自分が持っている布団が昨日のものでないことだけは確かであると大騒ぎなのです。

道場の皆は、このボンボンのわがままに呆れ返ってサッサと寝てしまいました。結局この坊さん、眠れぬままに朝を迎えたようです。翌日の厳しい修行が散々だったことは想像に難くありません。

現在、この坊さんは立派に一カ寺の住職としてお勤めに就いています。しかし、仏教界の将来はこんな輩の肩に乗っかっているわけでもあるのです。

ちなみに、住職の座が親から息子に引き継がれるときには、檀家を招いて普山式というお披露目の儀式を開く習いが古今東西を問わずにあります。まずは、お寺の正門から檀家総代を先頭に檀家一同が本堂まで進み入って並びます。そして檀家の見守る中、新しく住職になる息子が、そのお寺（あるいは宗派）の長老から就任の辞令を受け取り、新しい衣とお寺の過去帳を譲り受けるのです。

その後に、初仕事として、歴代の住職たちの霊に住職になったことを報告する法要が行われます。それが終わると、荼毘布式、書院式といった祝いの式が営まれ、やっと正式な住職として認められるのです。お寺の息子ではなく、ほかの坊さんが住職に就任するケースでも、同様の儀式が営まれるのです。

死装束を着て挑む修行僧は一見、マゾの集団？

現在、日本でいちばん厳しい修行と言われる比叡山の「千日回峰行」は、もともとは山伏の修験道の修行法です。回峰行とは、山の中を歩き回ることを指し、まさにその修行は命がけです。

比叡山の山中にある3カ所の御堂を1周し、1日30キロコースを踏破するのです。途中で読経など定められた修行を行うために、最低でも9時間はかかります。これを当初の3年間は連続100日ずつで、4～5年目になると連続200日ずつです。

5年目の200日目で千日のうちの700日をクリアしたことになります。しかし、問題はこの後で、700日目の翌日からいちばんの修行の山場とされる9日間の断食、断水、不眠、不臥の行が始まるのです。修行僧たるや、死ぬ覚悟で死装束を身にまとって挑みます。

そして、この9日間を見事に成し遂げますと、6年目に100日間の回峰行が待っているのです。4年目までの30キロに、さらに60キロの道のりが加えられて、1日90キロです。これを7年目の前半の100日まで続け、後半の100日は30キロコースに戻り、ついに無事終了となります。

まさに超人的な行メニューです。この「千日回峰行」を完了すると大行満《だいぎょうまん》と呼ばれ、特別な能力を得ることができると言われています。なお、この行は、1度始めるものなら途中でリタイアすることは許されません。中には、自害する小刀を持って参加する坊さんも多いと言います。

この千日行のメニューの中に、1週間に及ぶ不眠不休の行というのがあります。読んで字のごとく、立ったまま座ることもできずに不眠不休で1週間を過ごす行です。食事とトイレ以外は休息することも許されません。唯一、天井から吊るされた綱につかまって、つかの間の安息をとることくらいでしょうか。

1週間立ったまんまというのは、一体どんな状態になるのでしょうか。おそらく42・195キロを走り切るマラソンより、さらに消費エネルギーは大きいと思われます。さらに休息が許されないと、精神的にもかなりストレスがたまるに違いありません。しかしながら、60歳過ぎの初老のオッサンでも実際にクリアしています。人間とは、それくらいの底知れぬパワーがあるという証明です。

「そんなことはナンセンスです」と批判する坊さんにしても、実際に挑戦し、成し遂げた坊さんたちには、やはり一目置かざるを得ません。

さらにまた、この千日行とは別に、12年間の間、籠山する行というのがあるようです。山中において12年もの間、ただただ仏と対峙するだけの毎日を過ごす行です。対峙する以外は、坐禅を組むなり不眠不休の行をやるなり、自分の好きなように過ごせばよいのです。しかし、途中で人間と接触する機会は一切ないことになります。

この行を完了した坊さんが言うには、「瞼を閉じると、いつもそこには仏様が見える」そうです。ひいては、自分が常に仏様と一体となり、一緒に歩んでいることを実感できるようになったと言うのです。

さらにある坊さんは、「修行とは修行をする行為自体が目的であって、それ以上のなにものでもありません」と言います。そこに去来するものは、「やり遂げた」という事実のみがあるだけで、それで満足するものでもないようです。

こんな辛い体験がクセになって、再度、挑戦する坊さんも多いと聞きます。彼らが実感したホトケとは一体何者なのか、俗人の私には永遠にわからない謎ですが、もしかしたら、単にマゾたちが快楽を得るために行っているのではないかという気もしないではありません。

「鉄筋造り」のお寺が主流、「総ケヤキ造り」は夢の夢

ご参考までに、お寺の歴史を簡単に紹介します。歴史上、幕府の認可でお寺がいちばんたくさん誕生したのは寛永年間、三代将軍徳川家光の時代です。島原の乱によりキリシタン禁止令ができた時期に合致して、「お寺を建立したい」と申告した人にはどんどん許認可がおりていきました。

浄土真宗に限定すれば、現在あるお寺の80％が、この1630～1660年の30年間に建立されているのです。ですから、そこらにある小さなお寺も溯っていくとこの時代からスタートしており、現在の住職が16～21代目というお寺が多いと思われます。

お寺の屋根造りは、初めは藁葺き屋根でスタートし、8代将軍・吉宗の頃から瓦屋根に建て替えられ、現存するボロボロ風情の古寺はこの時期に建て替えられたものが主ですが、お寺の屋根造りはおおよそ切り妻造り、入母屋造り、宝形造り、寄せ棟造りの4種類に分類されます。さらに、明治維新以後のお寺の新築や改築は時代の繁栄に比例しています。

第1次改築ブームは明治20～30年代と言われています。近年では、高度成長期が始まった昭和40年代でしょう。このような景気が良い時代を逸すると、資金が破格だけに100年以上待つことになります。檀家にとりましても、自分たちの懐具合が豊かになると檀家自らが旗を振って新築に向けて動き出すのです。

現代でこそこのような機運は弱まっていましたが、以前はお寺というのは檀家の象徴・ステイタスシンボルでもあったわけです。自分たち所有のモノといった意識が強い分、それがほかと比べて見劣りすると我慢がならなくなるというわけで、お寺にとってはまさに大助かりでした。

現在、お寺を新築しようと思えば、鉄筋でも総額2～3億円程度は必要となります。2割がお寺負担で、8割を檀家の寄付金といった構造が一般的ですが、実際は2割といっても、お寺が自腹を切ることはありません。全額、檀家の捻出金で賄われるわけです。

京都の東本願寺は「火出し本願寺」と言われるほど、400年に及ぶ歴史の中で何度も火災に見舞われています。幕末以降だけで3回も炎上しているのです。しかし、幸か不幸か、焼けるごとに建物は立派になり、焼け太りと皮肉る者もあるくらいです。

修復金は、本願寺の各末寺が出すわけですが、もっと正確に言うなら、各末寺が抱える檀家から徴収するわけです。幕末の火事では、各末寺が100両前後の大金を支出したと聞き及びます。これは大変な金額です。当時の檀家、つまり小作たちが中心のわけですが、彼らは自分たちの生活さえままならぬ状況であったはずなのに、本山の寺の災難に身を削ってでも支出を果たしたわけです。

いまの日本なら、たとえお金が余っていても「お寺の新築資金をお願いします」と言われると、皆さん文句タラタラと出し渋るに違いありません。しかし、明治時代までは本山に限らず各末寺レベルでも新築・改築への献金はわりと好意的に行われてきたようです。それほど当時の庶民のお寺に対する思い入れが強かった背景があります。

このように、お寺にとっていちばん怖いのは火事なのです。昔のままの木造建築ならば、一度火が出たら最後、あっと言う間に消失してしまいます。終戦直後に世間を驚かせた三島由紀夫の小説でも有名な『金閣寺』の炎上が最たる例です。何百年、風雪に耐え忍んできた建物であっても、火が付けばひとたまりもありません。建物のみならず、御本尊までが焼けてしまうことになるのです。

そのためか、「建築基準法」の制定と同時に、お寺にとっても耐火耐震構造が要求されるようになってきました。かつてはお寺の建築資材というとケヤキでした。しかも、総ケヤキで造ることが坊さんの悲願でした。

しかし、本山クラスを除けば、総ケヤキで建立できるほど裕福なお寺は少ないのです。ほとんどが、ケヤキ以外の端材として杉や松を使っています。このケースでは、200年弱で端材の箇所に狂いが生じるのは必須です。さらに手入れを怠っていたり、途中で大地震に見舞われたりすると、100年前後で改築が必要な状態になります。

昭和になって新築されたお寺は、ほとんどが鉄筋です。戦災で焼かれたお寺の復旧も、ほとんどが鉄筋で再構築されました。坊さんの体質が変わってしまった根本には、このようなお寺の外観の変化も少なからず影響しているのかもしれません。

木造のお寺が少なくなってきた理由のひとつに、ケヤキ材の減少も挙げられます。減少すれば当然、値段はハネ上がります。仮に総ケヤキでお寺を建立するなら、5～7億円は必要でしょうか。

さらに、木造建築の資材としては最高峰と言われるケヤキですが、植林による養木は行われておらず、自然林の伐採だけでまかなってきました。そのため、現在、日本中のケヤキを集めても本願寺ばりの太いケヤキを手に入れることは不可能なのです。どんなにお金を積んでも100～150年ものがせいぜいでしょう。

このように、はたして5～7億円もつぎ込んで建てたケヤキのお寺が、「一体どのくらいの年数を持つか」ということです。専門家によると、ケヤキを建築資材として利用したケースでは、木の年齢分の年数は持つと言います。

要するに、千数百年の太いケヤキであれば、千数百年間は改築の必要がないわけです。そうなれば、100年程度の材料では100年ごとに改築しなければならないことになります。年々、希少価値にプレミアが加算されていくケヤキ材です。

100年ごとに改築する金額など小さな末寺にあるはずはありません。

何年か前に総ケヤキのお寺が建立されましたが、この時点で4億円。鉄筋ならば1億5000万円程度、約3分の1で新築できます。今後、本山を除く末寺で総ケヤキのお寺が造られることはまずないでしょう。

ピラミッド社会が崩れ去り「坊主丸儲け社会」へ

第2次世界大戦以前には、皇族や貴族が住職を務める特定の寺院またはその住職のことを門跡《もんせき》と呼んでいました。元来、門跡とは一門の祖跡を受け継ぐ寺院やその主僧のことでした。戦後、「宗教法人法」が施行されて以後、法律上の用語として「管長」という呼び名が生まれました。要するに管長とは、総本山の門跡のことです。

通常、お布施の料金は依頼者サイドが決めるのが一般となっていますが、読経を依頼する坊さんのレベルで多額に請求できることもあります。たとえば、宗派の本山の管（貫）長に依頼したケースなどは破格の金額と相成ります。おそらく軽く数千万円程度はいくでしょう。

と言いましても、このような管長クラスに読経を依頼するのは、政財界のトップ連中が主です。「いくらでも出しましょう」と財布を大開きにしている人間ばかりです。もちろん、彼らにとっても高額なお布施の請求がくることは先刻承知なのです。

あえてお寺サイドから要求せずとも、勝手に破格な金額を提示してくれます。とりわけ、禅宗の管長猊下が直々にお経をあげるケースなど、一体全体どのくらいの金額が動いているのか、私たちには想像もつきません。およそ一般世間の人には縁のないレベルであることは間違いありません。

そのような本山レベルの坊さんを除けば、末寺以下の坊さんに、自ら料金を設定できる特権はありません。貧富の差や学歴に違いがあろうとも、それがお布施の金額や年収に影響を及ぼすことはまずありません。末寺はあくまで末寺なのです。現在でも東大卒のエリートであっても、中卒のアル中坊さんよりはるかに年収が下回るケースも多くあるのです。

江戸時代までのお寺社会は、本山を頂点として完全なピラミッド型で成り立っていました。本山のすぐ下に末寺、さらに孫末寺が枝分かれして、またさらに下、下、下……と続き、底辺へ行くほど数が多くなっていきました。

それが、明治維新以降、天皇を唯一の現人神《あらひとがみ》とする神道（国教）政策が取られ、寺院に与えられていた領地（禄）はすべて没収されました。それと同時に、大名レベルの特別待遇も消失したのでした。このように収入減となった各本山は、経済力の衰退と同時に、独裁的な権力構造が一気に崩壊しました。本寺は各々、独自のやり方、力でお寺の再興を計り、本山との関係は希薄になっていきました。

そして、各宗派本山のピラミッド社会が名実ともに崩れたのは第2次世界大戦以後のことでした。あのGHQ介入による「宗教法人法」の制定で、それぞれの末寺が単立の宗教法人として認可され、法の上でも経済的に独立するに至ったわけです。

このような背景からか、私の知り合いの坊さんなどは、金もなければ野心もなく、そこそこの貧乏寺で毎日悠然と遊びほうけていましたら、あるとき檀家の総代が政界に入り、とんとん拍子に出世しました。それによってか、お布施の収入が100倍近くにハネ上がり、その坊さんは一気に大金持ちになってしまいました。

まさにシンデレラ坊さんです。幽霊屋敷と言われた本堂は真新しいケヤキの館に一変し、檀家の数は倍増しました。おまけに、本山への寄付金を大幅に増額したことで、宗派内随一のダイコン抜き出世まで果たしたのです。その坊さんは、「人生なんてこんなものです」と呟いています。

「寺院は私物化、世襲制は当たり前」の特殊な世界

かつて坊さんは、宗教家であるとともに学者であり、公務員であり、慈善事業家であり、軍師であり、教師であり、また芸術家でもありました。しかし、近代化の流れでそうした職業は専門化、細分化され、坊さんの仕事は次第に専門職に取って代わられていきました。

そんな中、坊さんの仕事は減っていき、いつしか失業となり、いまや食い扶持を稼ぐ一部の仕事だけをしています。袈裟を着て木魚を叩いてお経を唱えているだけではなくて、専門職に取って代わられた衆生《しゅじょう》（この世に生を受けたものすべてを意味する仏教用語）を救済するための慈善事業家などの仕事を取り戻すことが大切です。

1872年の明治政府による僧侶の肉食妻帯などを許可する太政官布告からすでに130年以上が経過していて、現在ではほとんどの坊さんは妻帯し、住職は実質的に世襲制なのです。

檀家も年配の人が多く、保守的な考えの人たちが多数のため、一般人よりもお寺

の息子が住職を継ぐ世襲に賛成しているのが現状です。そのような世襲制の坊さんが、仕事を先代から引き継いでいるのです。こんな世襲制のもとでは、跡継ぎがなるべくスムーズに坊さんの資格（宗派それぞれの認定試験）を取得することが求められます。その結果として、寺院の私物化が成立しているのは否定できません。

坊さんになるには、まず坊さんになれるかどうかを決めることが求められていますが、そう思いつく人はなかなかいないのが現実です。結局は、基本的に住職の関係者が坊さんになりやすくなっています。

一般論としても、小さいときから近くで見ている親の仕事に就くのは抵抗感が少ないでしょう。これは、そのほかの世襲でもいえることです。大都市の寺院では、年収1000万円以上の安定した収入があるのはザラで、つまるところ既得権益にからめとられてしまいます。

「なんでも持ってけドロボー」お寺のムコ取り戦略

さて、お寺に跡継ぎの男子が生まれなかったケースでは、娘にムコを取るしかありません。これが誠に大変な作業なのです。娘が美人であればなんとかイロ仕掛けで引っかける手もあるのですが、ブサイクな娘ですと、親父さんは大いに苦労するものです。

しかし、そのブサイクな容姿を作ったのはほかならぬ住職自身なのです。であれば、その責任も自分で取らなければならないわけです。まず手始めに、親父さんは全国にあるお寺の家族構成が収載された名簿から、ほどよい年齢の次男・三男坊をリサーチし、探し出します。

これでもなお決まらないケースでは、知り合いの坊さん連中に電話をかけまくり、「お寺を継いでいただけるなら、いかなる条件でものみます」とか言って、紹介を請うのです。家付き、高級外国車付き、財産付き――どうせ同居するのですから、「なんでも持ってけドロボウ」といった具合です。ただし、じいさんばあさんも付いて、揚げ句に嫁はブサイクなのですが……。

ある坊さんのお寺がやはり娘ばかりの状況でした。その親父さんは考えた末に、長女を大阪の大学に入学させ、マンション住まいをさせて、彼女にある知恵を付けました。

「学校の勉強などしなくていいから、お前はとにかく一刻も早く男を見つけて子どもを生みなさい」と。既成事実さえ作ってしまえば話は早いのです。後の戦略としては、相手の男を脅迫してでもムコにします。どうあっても拒否されれば、娘の腹の子が男の子であることを祈るというわけです。

それにしても、こんな戦略を指示する親が親であれば、「やってみます」と笑って答える娘も娘です。客観的に見て、彼らが必死になる事情はわかります。数百年も綿々と世襲で続いてきたお寺をわが代で潰すわけにはいきません。

このケースでは、親父さんの強みとして、娘がキュートな現代風の美人、さらに彼女自身が自分が背負っている使命の重大さをきちんと把握していたことです。まもなく娘は男を見つけ出して、大きなお腹で帰郷しました。

この親娘の策略（戦略）にまだ気付いていないムコ殿は、「大事な娘さんを申し訳ありません」と頭を垂れて、さっそく剃髪の儀と相成りました。気の弱そうなおとなしい男でしたが、ともあれこれで、この坊さんのお寺は安泰です。

男子のいないお寺では、世襲が不可能となったケースでも、住職の血縁者が引き継ぐケースが多いものです。それは住職の希望でもあり、檀家の希望でもあります。地方はとくに血縁にこだわる風習がありますから、全く見ず知らずの他人が入ってくるとなかなか馴染もうとしません。どんなに息子がバカ野郎でも、他人が入ってくるよりは歓迎されるものなのです。

石材屋は墓石で儲け、寺院は檀家で儲ける

石材屋の仕事としては、墓石を建てることと同時に墓守りをすることもあります。最近では、にわかづくりの墓石販売業者やブローカーのような業者がいるので十分に注意すべきです。

墓を建てた後、何年かを経て墓石に問題が生じ、業者へ電話したら不通だったり、新仏の戒名彫りを依頼したらお店がなかったという苦情が全国の消費者センターに寄せられています。

そこで、建てた墓石を保証して後々まで面倒を見てもらえる、信頼できる石材屋を選ぶことが大切です。本来、墓石の機能性というものは全くありません。墓石から得られるのは心の満足です。高い墓石が良くて、安い墓石が悪いということではありません。亡くなった方を供養し、偲ぶお墓を建立するならば、より清々しい気持ちになれるお墓が必要です。

また、「生前墓」として自分の死後の住まいとして生前に建立するなら、自分の思い入れを込めたお墓をつくるべきで、目先の価格より心の満足を重視した墓づく

りが良いのです。

石材屋を選ぶなら、地元に根付いた評判の良い石材屋が安心です。なぜなら、いい加減な仕事、法外な価格で建立すれば評判を落とし、仕事ができません。建立した墓石は、石材屋の信用を背負っているのです。

お寺によっては、信頼できる石材屋にお寺の名義を貸し、その寺院の名前で墓を分譲しています。分譲のコストは全額、石材屋が負担します。檀家側は石材屋を選べず、分譲した業者から墓石を購入しています。檀家は永代使用権も形としては寺院から購入していますが、実際の代金はすべて石材屋に入ります。

墓地経営は寺院の経営安定に寄与します。墓地が売れれば石材屋も利益をあげますが、寺院も檀家が増えます。ちなみに通常は、墓地は寺院と檀家との取引で、墓石は石材店と檀家との取引なのです。

一般には、故・久世光彦氏がプロデュースした『寺内貫太郎一家』のように、寺院に隣接し、そのお寺の宗派や指定石材屋が販売管理を行い、住職が常駐しているものが寺院墓地です。一方、霊園は、一般的に整備された参道や施設が整い、宗旨、宗派にかかわらず入ることができるのです。

各地で繰り広げられる葬儀屋の「遺体争奪合戦」

葬儀屋は、寺院、病院を取り込んで葬儀の一切を取り仕切る立場にあります。逆に、寺院との関係はこれからどうなるのでしょうか。

いまの時代、大半の人が病院で亡くなります。各都市では、表現は少し悪いですが、事実として葬儀屋の遺体争奪合戦は、死亡者が出る以前からスタートしていると耳にします。あらかじめ病院と太いパイプをつくって死体予備軍、つまり入院中の患者に予約を入れてその日を待ち兼ねているというわけです。

葬儀屋は、病院などへ営業に出向いて昵懇になり、遺体を回してもらうのです。その見返りとしてリベートを提供します。それが一般的です。ただし、これが合法かというとむずかしく、国公立病院では公務員の職務規程に抵触するので明らかに違法になります。民間の病院でも、個人的にリベートを受け取ったら違法です。ただし、病院と葬儀社が業務委託などの契約をしているケースなら違法ではありません。

遺体が出ると病院の霊安室に待機していた葬儀屋が即座にストレッチャーを押し

て病室まで引き取りに行きます。このとき「この遺体、いただき」となるわけです。葬儀の見積りや段取りなどについては、すでに遺体を運ぶ寝台車の中で決められており、お葬式が始まってからやっと坊さんの登場となります。

坊さんは、葬儀屋のいわゆる「小道具・お飾り」であり、遺族と会話することさえしません。読経さえすれば、お役御免です。お布施も直接、葬儀屋の手に渡り、3～6割もマージンを引かれて坊さんの手元に届くのです。ある意味で、「寺院は葬儀屋の下請け」でしかないのです。

また、悪徳葬儀屋がお布施を多めに遺族に伝えることがあります。お布施が多いほど葬儀屋の手取りが増えるからです。それが坊さんまで回ってくるかはわかりません。

このように、葬儀屋は宗旨宗派を問わずお葬式を引き受けてしまうため、宗派の規則通りの儀式ができない可能性があります。真面目な葬儀屋、坊さんもいますが、「悪貨は良貨を駆逐する」と言います。葬儀業界および寺院と葬儀屋の関係が今後どうなるのか、ウオッチしていきたいものです。

庭師は「癒しの場」をつくりあげる空間プロデューサー

庭師の仕事は、自然を取り込んだデザインが重要です。庭を見る人の気持ちを考えて創意工夫するセンスが求められるのです。さらに、成長しすぎている高木の剪定、実生の樹木の伐採などがあります。庭の趣をかもしだす築山《つきやま》（山をかたどって土を積み上げた所）は、写真から復元することが可能です。

寺院の庭は、快活、楽しめる、明るい、そして素朴さが大切な要素です。いい庭は、自然に眺めていて目線が下がってくる庭です。目線が下がっている状態というのは、気持ちが落ち着いている状態です。人の目線を上げたり下げたりというのは、人の気持ちを上げたり下げたりするということです。そんな目線を動かすように仕向けるのも、庭師の仕事のひとつです。

たとえば、冬の庭はシンプルですが、庭師は春を待つ間に想像を働かせて、美しい春をイメージするのです。本来、日本人は固有の意識と創造性を持ち合わせて、いまの伝統文化をつくり上げてきました。それも、なにもない「無」から考え、創意工夫をするのです。庭師には、それが求められます。

生命体はひとつから始まり、進化して人間になりました。人間以外のものは、いまも自然に溶け込んでいます。自然は何千年、何万年、何億年の歳月を経て出てきたものですから、人間の力では到底かなうはずがありません。そこへ、自然のものを持ってくる、いわば自然のエッセンスの運び屋が庭園整備（造園）の仕事です。

石、木、土、花、苔、自然の生き物……、庭の材料はすべて自然のものです。また、空、太陽、雲、月、雨、風、霜、雪も庭の材料です。それらを材料にして、癒しの空間をつくり上げるのです。

京都、龍安寺に枯れ山水という庭があります。鎌倉～室町期の枯れ山水は白川砂を水に見立てています。江戸時代までの京都は水事情が悪く、鴨川は夏には干上がり、雨が降ると氾濫して疫病が流行り、都に惨事を起こしていました。枯れ山水とはそういう状況から誕生した幻の水で、とても印象深い庭なのです。

第7章　坊さんのちょい不良《ワル》極楽生活

右も左も坊主はみんなスケベでアブノーマル？

最近は映画やテレビドラマの影響か、「坊さんはとても助平である」と思い込んでいる人がいます。食事後、ホテルにでも連れ込まれたら、なにか危ない世界を体験するのではないかと怖がる女性も大勢います。

しかし、女性たちは怖がる反面、逆に期待も大きいのも事実ではないでしょうか。坊さんに対するこのイメージは、本当にアブノーマルな坊さんは別として、ごくごく一般的なセックス観を持っている坊さんにはプレッシャーでしょう。

ある知り合いの坊さんが首尾よく女性と事に及んだ末、その女性に「あなたは普通じゃない」と言われて愕然とし、しょんぼり肩を落としてお寺に帰ったと言います。もちろん、昔は戒律の厳しい宗派の坊さんの中には、異常なほどギラギラしている坊さんがおり、見るからにアブノーマルな要素を秘めていたように思います。

しかし、現在では坊さんといっても符丁がお飾りばかりで、日常生活は一般人とさして変わらぬ以上に俗っぽいものです。焼き肉も食べれば高級刺し身も頬張ります。恋愛にしてもとても自由です。ですから、女性を見て飛びかかるような飢餓感はありません。

ところが、お寺に生まれてきた小僧は、小さい頃から「欲を感じてしまうことは罪」だと教えられますから、その抑圧の反動からか、性欲に対しての罪悪感が人一倍強いことは確かです。でも、大人になって童貞を捨てた途端に、女性に突っ走る坊さんもときたま見受けます。昨今の若い男女の恋愛事情と比較すれば、じつに純粋無垢で他愛ないものでしょう。

逆にアブノーマルな坊さんをご希望であれば、都会から離れた山奥の破れ寺に何十年もこもり続けている偏屈な老坊さん、厳しい苦行を終えて山から降りてきたばかりの若い坊さんであれば、一脈の可能性はありそうですがいかがでしょうか。

ハデに遊べない小金持ち坊主の密かな楽しみ

日本には伝統仏教が13宗56派ありますが、その各宗派の本山の近隣には、坊さんが用いる法衣・作務着などの法衣店や付帯品一式を販売する専門業者が軒を連ねています。坊さんとしては、必要に応じて買いに出向くだけですが、近年、ウインドーショッピングに興じる客も多いと聞きます。なにしろ、店に陳列されているのは高級品揃いで、数珠にしてもコハク、アクアマリン、ヒスイ、水晶……といった宝石なみの品揃えです。

小金成り金の坊さんにとっては、たまらなく魅力にあふれるスペースでしょう。地方の中年のおばさん連中と同様、実際には使いもしないアクアマリンの数珠をいくつも購入しては、お寺のタンスの奥にしまっているような坊さんも多いと聞きます。

なにしろ坊さんというのは、お金を持っていても使うチャンスがあまりありません。サラリーマンのように家を新築する必要はありません。海外へ出かけるようなヒマもありません。

さらに、ゴルフだマージャンだと下手に趣味を持って遊んでいれば、世間の目がうるさいものです。ですからせめて、袈裟やグッズにお金をかけてゼイタク気分を味わおうというわけです。

ところで、先述しました「数珠」は、もともとは密教の時代に渡来しました。最も初期の仏教徒のいで立ちは「三衣一鉢」と申しまして、3枚の衣とひとつの鉢を持つだけのシンプルなスタイルでした。もちろんのこと、数珠を用いることはありませんでした。

数珠が日本に伝来して来たのは奈良時代です。仏教がインド化した密教の時代に伝わったものと言われています。ただし、鑑真の像には数珠が見られることから、一般的に坊さんが数珠を手にし始めたのは鎌倉以後と予想されます。

ところで、遠隔地の地方の坊さんは、いま流行りの通信販売のカタログショッピングも可能です。山奥の古寺でカタログをめくり、キラキラ輝く品物を眺めていると、ついつい3つ、4つと購入したくなってきます。ローン可能であれば、ドンと奮発してしまいます。

しかし、悲しいことに古寺に晴れ舞台は永遠に訪れません。お布施の代わりにニンジンを持って来てくれるような檀家の葬儀に、キンピカの袈裟を着る気にはなれない坊さんも多くいます。

お寺を専門に狙う泥棒には仏様もかなわない

ある坊さんによると、平成16年の暮れにお寺へ泥棒に入られたと言います。5軒の檀家の法事を終え、本堂へ戻り仏壇にお布施を置き、しばらくして本堂へ戻ってみると、その日に回った5軒分のお布施がありません。すべて盗まれてしまったのです。

その坊さんは、思わず知らずのうちに仏壇に向かって「御本尊様、なぜ泥棒の悪事を黙って見逃したのですか」と、クレームを付けたそうです。なにしろ、暮れの忙しい最中、特別に優先して入れた大きな法事の5軒分です。「おそらく100万円以上は優にあったでしょう」と、その坊さん。

この被害に遭ったお寺に限らず、お寺に侵入する泥棒は、不思議なくらいお寺の状況を把握しています。お布施が常にどこに置かれているのか、そしてまた、どこに置いてある工芸品・美術品がいちばん高価なものなのか、ちゃんと理解しているわけで、坊さんにとりましてはじつに気味が悪いものです。

あるお寺では、国宝の指定こそ受けていなかったものの、年代物である見事な掛け軸を本堂に置いていたのですが、いつの間にかそれを盗まれてしまいました。このような手合いは仏も神も恐れないようで、神社の賽銭箱からも巧妙にお金を盗み出す者さえいます。重さ40キロはあるはずの箱を動かしてお金を抜き取るのです。できれば一度、現場に遭遇したいものです。

仏様や神様にしてみても、あまりにもその手際の良さに見惚れて、ついと許してしまうのでしょうか。しかし、逆に高価なモノなどを一切置かずに用心していた寺では、腹を立てた泥棒が本堂で暴れまくり、８万円程度の仏具、壷を次々に壊して立ち去った例もあります。お布施ならせいぜい40～50万円で済んだのに、このお寺のケースでは、被害総額は１２０万円以上にのぼったとも言います。

異教徒弾圧が檀家制度の始まりだった

島原の乱をきっかけにキリシタン一掃を計った江戸幕府は、民衆の信仰を統制するために寺請制度を定めることにしました。寺請制度というのは、現在存続している檀家制のひな型です。

この制度の役割とは、宗派各寺院に対して「宗門人別帳」を作成させて、檀家一人ひとりの個人情報をその生誕から死に至るまですべてにわたって逐次チェックし、異教徒としての、とくにキリシタンを取り締まることが目的でした。現代の日本において「過去帳」としてお寺に残されている檀家の家系図が、この「宗門人別帳」です。

この江戸幕府の政策は、お寺にとってはまさにタナからボタモチの恩恵となりました。檀家となった庶民は、キリシタンではないことを認めてもらうために、こぞってお寺での葬祭を申し出るようになり、墓地を構えて金品さえもお寺に寄進するようになっていったからです。

この時期、一気にお寺の数は激増し、さらにかつては托鉢によって生活を支えていた貧しい寺々はこの制度によって一気に金回りが良くなり、やがてこれが現代の「葬式仏教」と呼ばれるニッポンのオリジナル仏教のスタイルを生み出していったのです。

私の目から見れば、「ただ、得たり賢こしのすまし顔でこの檀家制度に胡座をかいて、この世に生起すべき問題に対してなんの指針も下し得ぬこの干からびた既成仏教集団はなんなのか」ということがしばしばありますが、読者諸氏はいかがお考えでしょうか。

女と酒とバクチで身を滅ぼした生臭坊主の来世は？

かつての坊さんは1日の大半を碁打ちに費やしていたそうです。近所のお寺同士で寄り集まっては囲碁大会で、腹がすけば持参の握り飯をパクつきながら、日がな1日、お寺の縁側で真面目にのんびりと過ごしていたものです。

しかし、現代は坊さん同士で寄り集まることなど滅多にありません。外界世俗との付き合いが非常に増えて、良く言えば世間にすっかり溶け込んでいます。悪く言えば、世俗化しすぎて坊さんであることの意味合いを失いつつある状況なのです。お金のある坊さんは日々、競馬だゴルフだマージャンだと檀家回りすら忘れて遊びに興じている有り様です。京都の祇園では、大っぴらに飲み歩いている坊さんの姿は決して珍しくはありません。お金にモノを言わせて食べ放題、飲み放題のグルメ野郎に転じてしまいました。

坊さんたちのでっぷりと張り出した腹は、怠惰のシンボルです。以前は欲を断って苦行に励んでいたあの経験は、一体なんだったのかと思わずにはいられません。「彼らは坊主のツラ汚しだ」などと田舎の貧乏寺でボヤいている生真面目な住職にしても、一度お金をつかめば同じ状況に陥らないとは誰も言えません。

なんにせよ坊さんというのは、いちばん遊びたい盛りの若い時期を修行、修行で抑え付けられて過ごしてきたためか、独立して自由になったときの反動には恐ろしいものがあります。

狭い世界で純粋培養されてきた心身は、なにも免疫がない分、突っ走ったら止まりません。女と酒とバクチで身を滅ぼした坊さんたちは、おそらく極楽浄土はムリ

でしょう。

だがしかし、今生において欲をむさぼり幸せを満喫した坊さんと、修行生活に身を投じてつまらない人生を送って極楽に行った坊さんでは、はたして結果的にはどちらのほうが幸せと呼ぶには相応しいのか、時に思案してしまいます。

ここで、仏教で説く「極楽浄土」というのは、阿弥陀仏が建立した仏国土のひとつとされています。『大無量寿経』や『阿弥陀経』に極楽世界の様子が描かれていますので、簡単に触れてみます。

「極楽は、西の方10億万仏国土にあり、黄金で敷き詰められた地には、５００億もの宮殿・楼閣がそびえ、一日中、仏の声が響き渡っている。池や川は金砂・銀砂がびっしり敷かれ、人々は船遊びに興じている。八功徳水と呼ばれる清浄なその池水は冷たくて甘く、患いを癒す力を持っている。さらに鳥のさえずりは仏法を説き、そよ風が吹くと七重の宝羅網という飾りがサラサラと鈴の音をたてる。人々の身体は金色に輝き、縫い目のない衣装をまとい、たくさんの装身具で美しく飾っている。彼らは四宝、七宝で飾られた宮殿に住み、空腹時になると、海山の珍味を盛った食卓が現れる。極楽には苦しみはなく、楽しみばかりの浄土なのである」と。

一体、現世で極楽を満喫した坊さんの来世はどこに行くのでしょうか。

「涼感たっぷり夏は極楽、寒風しみる冬は地獄」の寺住まい

いかに小さな廃寺同然のボロ寺であっても、部屋数や広さで言えばその大きさは一般家庭の比ではありません。平均的なお寺でいうと、部屋数は1階と2階を合わせて18部屋くらいで、20畳が2つ、15畳が7つ、10畳が5つ、さらに8畳、6畳、4畳半が残りの数だけあります。この広さは江戸時代の武家屋敷、あるいはそれ以上の広さなのです。

鎌倉、京都などの大寺院であれば、この倍以上は当たり前でしょう。天井の高さにしても普通の2倍以上ありますから、子どもがボール遊びをできるようなくらいの余裕は十分にあります。

とはいっても部屋が広いのは良いのですが、住み心地が良いのかと言えば別問題です。参拝者はよく「情緒があって素敵ですね」などと言いますが、お寺は夏の暑い日には涼んでいく分にはいいかもしれませんが、冬の寒さといったら、とくに京都では身体の芯まで凍える思いでしょう。

ガスストーブを最大限に燃焼させたとしても、風通しの良すぎる寺院にはあまり

効果はありません。坊さんとしては、法衣の下に羽毛を着用するとか、使い捨てカイロを貼るなりして防寒するしかしのぎようがないものです。

さらに、山の麓にあるお寺では、湿気に悩まされるようです。畳が年中、湿り気を帯びていて、結核を患う坊さんも少なくありませんでした。ゴキブリ、ネズミ、ムカデ、イタチなどは飼い放題で、しばしば天井から青大将が落ちてきます。

そして、お寺は掃除が大変です。廊下と畳のゾウキン掛けは本当に大変な重労働です。モップのような市販の掃除道具を利用する不届者もいますが、お寺の廊下はやはりゾウキンが最適と思われます。

最近では年末にアルバイトの募集をかけて、寺院の内外の掃除をしているお寺もあると聞いています。大寺院においては、そうでもしないと仏壇のホコリを取っている間に除夜の鐘を聞き、年が明けてしまいかねません。

「檀家参りに行って来る」とゴルフ場へ直行

坊さんの朝は滅法早いものです。6時頃になるとすでに本堂で朝課（朝の読経）を開始しています。その後、人によっては坐禅をする坊さんもいます。元来は、住職の家族全員でのお参りが習いですが、現代では1人孤独に読経している坊さんが多いと聞きます。

朝まで飲み明かした日などは、そのまま酒臭い息で仏壇に向かいます。途中、睡魔に負けてゴロンと寝転んでしまうこともしばしばで、そんな坊さんを見ている御本尊は叱る気にもなれずに、いつも優しく眠られています。

さて読経が終わりに近づいた頃に、坊さんの弟子か奥さんが「御仏飯」を運んできます。これを仏壇に供えて、坊さん家族の朝ご飯となるわけです。このとき、仏教作法のひとつとして、毎朝、炊きたてのご飯を仏飯器に盛って仏壇に供える習いのことを「御仏飯」と呼びます。一般家庭の仏壇のケースでも、その日の午前中に捧げるのがしきたりです。

さらに、この「御仏飯」とは別に、命日や法事の際、仏壇に供える故人の好物料理などについては「霊供膳」と呼びます。なお、魚や肉など生臭いもの、または臭みの強い五辛（ネギ、ショウガ、ニンニク、ニラ、ラッキョウ）は、「霊供膳」としては好ましくない食べ物とされています。

さて、坊さんは朝食後にさっそく月参りの檀家さんへと出かけて行きます。地方のお寺になると、冬は檀家へ1日1回以上のペースで必ずと言っていいほど法事に行くのが常であります。

要するに、たとえば５００軒の檀家があるとすると、毎月５００回以上も檀家参りをしていることになります。単純計算としても1日16～17軒がノルマとなります。朝8時に1軒目をスタートして、夜8時までの12時間、同じ読経の繰り返しです。

帰り道はクタクタの状態で、妙に懐だけが温かいものです。帰宅しますと、さっそく夜の読経となります。しかし、察するところ怠け者の多い坊さん世界の中で、現実に全部をこなしている坊さんなど皆無に等しく、せいぜい30軒くらいが関の山でしょう。

ある坊さんは、「檀家参りに行って来る」と出かけたものの、そのままゴルフ場に直行すると言います。ゴルフのクラブはレンタルで借りればすみますが、こんなときアンラッキーなことに檀家と鉢合わせになったら大変です。

「△○寺の坊さんときたら、檀家の月参りをサボってゴルフに興じているわ」などと、あっと言う間に噂が広がり、結局はお布施の額面で仕返しされています。さらには、1人で遊んでいる分にはまだ許されるにしても、仏具屋や墓石屋の接待でホクホクと遊んでいるのが見つかったら、お寺の信用問題にまで発展してしまいます。ただ単に謝罪するぐらいでは、檀家の機嫌が直るはずもないでしょう。

さてここでは、「檀家」という専門用語についてご説明しましょう。檀家を端的に言うと、「お寺を養ってくれる家」のことで、先祖伝来、葬儀法事一切を特定のお寺に委託して、定期的にそのお寺に対して寄付（お布施）行為を行っている家のことを指します。

檀家の檀とは、元来はインドのダンナーという言葉から由来していて、「養ってくれる者」といった感があります。要するに、お寺を支えて養ってくれる家ということから、檀家と呼ばれるようになったわけです。

私たちの世界で言えば、亭主のことをダンナと呼ぶのと同様の理由からです。お寺にお墓を持っていれば確実に檀家ですが、実のところ、お寺にお墓を持っていない檀家のほうが多いものです。

ともあれ、「檀家参りの予定がたとえなくても、とにかく用事をつくって出かけたほうが賢明だ」と、ある坊さんは言います。彼に言わせると、お寺にいるとロクなことがないからです。

とりわけ年寄りたちはお寺を「憩いの場」と錯覚しているようで、嫁のグチだとか身体の患いについて、時を忘れて延々と話し込んでいくものです。住職である坊さんは逃げようもありますが、「日々相手をしている寺庭婦人たちは、本当にエラい」

と彼は言います。

ここで困るのは、突発的に入る葬儀です。葬儀自体はいつも突然なわけですが、中でも「夜中に死なれるのには困りものだ」と言います。彼も人間、ちょっと一杯ひっかけてゴキゲン三昧になっている最中に、「ジイさんが亡くなったからすぐ枕経を上げてください」という連絡は、大いに迷惑でもありましょう。

しかし、まさか「次の日にしてください」とも言えないので、ホロ酔いで駆けつけるハメになります。こんなときの読経はもうメチャクチャで、ロレツさえ回らないで、しまいにはヨダレすら垂れてくる始末です。

檀家の皆さん、良いお経を上げていただきたいと願うなら、ひと呼吸おいて夜が明けてからにされてはいかがでしょう。

「平等こそ基本理念」は建前、厳しい上下関係

坊さんの世界における格付けの順番は、通常の場面においては問題はありません。各々のお寺で檀家相手に仏事・法事を行っている分には、格付けが上であっても下であってもほとんど同じようなお勤めをする日々です。

しかし、いったん本山に出頭するものならば、あからさまに区別されるものです。ある宗派においては、「堂班」といった席次が設けられていまして、格付けの高い順番に上から下へと席が並べられています。どの坊さんがランクが高くて、どの坊さんが低いのかが一目瞭然です。自分の席次がどこであるかと迷ったときに、「△△寺さんは上から何番目ですね」などと小僧に言われたあかつきには、おそらくカチンとくる思いでしょう。

この席次、ただ単にお寺の格式が高いということで、上位の席に偉そうにムスッと坐っている愚かな坊さんが多いのも事実です。現代だからこそ、席順ですら腹立たしく思う程度ですが、以前の上下関係などは、もっと厳格で徹底したものだったと言われています。例を挙げれば、裏方の仕事はすべて下の位の坊さんに押し付けられるとか、自分よりも位の上の坊さんとすれ違う場合には、床に這いつくばってお辞儀をするといったひどい有り様であったようです。

明治維新後、形式上とはいっても各末寺が単立の宗教法人になったために、徐々にこのような悪習は消えていきましたが、それでもまだかつての体質は確実に残っています。誰かが言っていた「平等こそ仏教の基本理念」などはどこ吹く風。清濁併せ持っている俗世間のほうが、よほど理想的な社会に思えてきます。

念願の寺院を建立した坊さんの秘策とは?

坊さんの世界は、たとえ住職の資格を取得しても、実際にお寺を経営するとなるとやはり大変です。禅宗系の宗派に属して世捨人同様、山奥の古寺でも構わないというのであれば、簡単に無住職のお寺に派遣してもらえますが、逆に自分で新しく寺院を建立しようと欲すれば、非凡の才覚と体力が必要不可欠となります。

いろいろな坊さんがいる中において、独立独歩で地方に寺院を造った坊さんもいます。その彼は、大学を卒業してから名古屋に出てアパート住まいをしながら、最初に葬儀屋のお抱え坊さんになりました。フリーのアウトソーシング坊さんです。

葬儀屋から連絡が入れば、即刻、袈裟に着替えての出勤です。手当としては、マージンを引かれているので安いのですが、そこは数の勝負です。1日に5～6軒を掛け持ちして、時には戒名の依頼を受けながらも小銭を蓄えていったわけです。2年も経た頃には、地方に土地を購入する頭金くらいは貯めていたと言います。

しかし、たとえ土地があったとしてもお寺がなければ話になりません。かといって中途半端にボロ寺を建立するのもいい気持ちはしません。こうなれば、コツコツ貯めていてもラチがあかないと彼は思い至りました。宝くじでも当てたくらいの大きなお金が必要なのです。

そこで思いついたのが、スポンサー探しです。ターゲットとしては、お金持ちの老人です。幸か不幸か、2年間、法事を駆けずり回っていたおかげで顔なじみとなったその有力候補が何人かいました。彼はさっそく、そうした家へ営業に行き、まずは法事の権利を獲得しました。

そしてマメに通い詰めるうちに、やがて2～3人のスポンサーができ、その中のひとりの老婆が「永代供養と引き換えに」ということで、うれしいことに土地の譲渡およびお寺の建立資金を全額出資してくれることになりました。名古屋に来て3年目の秋のことでした。これはかなりのスピード出世です。多分、永代供養以外にも永代セックスフレンドかなにかの約束が交わされていたに相違ありません。とにもかくにもその後、彼が「山村の無住職寺から拝借してきた」という仏様が本堂に飾られて、宗教法人権も無事獲得しました。

さらに、檀家に対しては、「この仏様は宗派の総本山から戴いた価値ある御本尊です」などと説明しています。なかなか商魂たくましい坊さんです。彼の努力は、大方はスポンサーである老人たちのご機嫌伺いに費やされていたようにも思えますが、なかなか見事な腕前でした。このケースのように、最初からお寺を新しく造ろうと思うのでしたら、坊さん以外の才覚が当然、必要不可欠です。この坊さんのようにホスト的要素でもいいし、実業家としての実力でもかまいません。

お寺というものは、飛鳥時代から存在していましたが、檀家を持ったり信徒を抱えたりして、一般大衆と結び付いて食い扶持《ぶち》を稼ぎ始めたのは室町時代以降のことです。ちなみに、禅宗のお寺は昔から一般大衆よりも朝廷や大名クラスとのコネクションが濃く、たとえば金閣寺は室町幕府三代将軍足利義満お抱えのお寺といったように、禅寺の大部分は上流階級の保護のもとで、禄（領地や出資金）を受け、成り立っていたスポンサー寺院でした。

しかしながら、この間柄は明治維新と同時に消滅していきました。寺院に与えられていた禄は、すべて天皇に寄贈する形で政府に没収されました。それ以降、収入源を断たれた禅寺は没落するお寺もありましたが、今度は保存されていた古来の遺物（仏具）に対して文化財指定とか国宝指定といった付加価値が付けられ、それを一般拝観させることで「拝観料」という新たな収入源確保に至ったお寺が多いわけです。

粋な坊主はオリジナルな「袈裟」にアレンジする

坊さんが身にまとう「袈裟」とは元来、サンスクリット語（古代インド語）のカシャーヤの音を漢字に置き換えたものです。仏教発祥の地のインドは年中暑いため、簡単な下着の上に1枚布の袈裟を巻き付けることは風土に合った合理的かつ実用的なスタイルでした。それが異国へと伝播していくうちに、いろいろなスタイルが生まれ、ある国ではとてもシンプルな形に、そして日本では極端に華美なものまで登場するようになっていったのです。

当然ながら、袈裟は坊さんの象徴です。衣の内に秘められている心根がどうであれ、法衣の上に袈裟をまとっていれば、どこか近寄りがたい威厳を放ち、重々しく見えますから、これまた妙でもあります。仮に、スーツ姿で読経する坊さんの姿を思い浮かべていただければ納得していただけるでしょう。たとえスーツが有名ブランドであったとしても、とても仏壇には不似合いで、威厳も神秘性もあったものではありません。私たちとなんら変わらぬ格好をしたハゲ親父に、お布施など渡す気にはなるでしょうか。

これは一種のトリックです。軍人しかり、制服姿の警察官しかりです。特定の人だけに許されたユニフォームというのは、時として相手に強烈な威圧感を与えるものです。大衆を相手に都合の良いイメージコントロールを施すためには、大変有効なシロモノといえます。極端に言うならば、坊さんたちは袈裟のデザインで相手を脅迫し、自分への尊敬の念をかりたてて無理強いしていることになるのです。

ここで着目すべきは、このような袈裟パワーがどの坊さんにとっても一律に効果を発揮する点であります。女と博打にうつつを抜かすアル中坊さんであろうが、人徳にあふれる素晴らしい坊さんであろうが、袈裟をまとえば全く同じに見えます。彼らの説法にしても、繰り広げてみれば差は明らかですが、ただ黙って読経している分にはトリックは十分に効果を発揮するでしょう。

こんな事情をうまく活用して、欲得ごとに抜かりのない坊さんはたくさんいるはずです。最近では頻繁に出没しているエセ坊さんもそのひとつです。その袈裟姿に馴らされてか、目茶苦茶な読経も檀家にとっては有り難く聞こえるらしいのです。

ある坊さんは、エセ坊さんとして丸儲けしていたにもかかわらず、「あの坊さんの説教はタメになる」と評判になって、あっと言う間に馴染みの檀家が増え、改めて坊さんの正式な資格を取得してお寺を開いたと言います。

彼が言うには、「資本金である袈裟の購入資金は1万円です。それが、現在年収1200万円」だそうです。その坊さんは、「まるでワラシベ長者の気分ですよ」と言っています。

袈裟デザインの原形というのは、四文律によると、田んぼにヒントを得て釈迦が発案されたと記されています。ある日、遊行に出ていたブッダが、ふと田植え直後の青々とした田んぼを見て、「かくの如きの衣法をなすやいなや」と、同行していた弟子の阿難尊者に言いました。その結果、誕生しましたのが、田の畦道をも採り入れた袈裟の原形デザインです。

どうして田んぼかと言えば、田に種をまくと秋には収穫があります。それと同じように、仏を供養して仏法を信じれば、必ず福報があるという意味です。現在でも、袈裟は田相衣《でんそうえ》とか福田衣《ふくでんえ》と呼ばれています。

現世のOLは日々、違ったドレッシーな装いで通勤しています、坊さんから見ればうらやましい限りかもしれません。なにしろ坊さんにとっては袈裟しかありません。普段、自宅では洋服を着用していますが、正式な場所に赴くときには必ず袈裟を着用することになります。たとえ高級ブランドのスーツを購入しても、着る機会など皆目ありません。とくにタキシードなどの礼服を着ることは、坊さんにとって還俗しない限りは一生涯ないことです。

そんな中でお洒落な坊さんたちは、袈裟のアレンジにこだわり始めたのです。元来の袈裟の基本形を崩さない程度に、デザイン、布地、図柄にお金をかけて、オリジナルの袈裟づくりに躍起です。たとえば、本金の糸を使って飛鳥の刺繍をあしらってみたり、ラデンと呼ばれる貝の工芸技術を施してみたり、およそ成り金趣味の模範のような袈裟をまとって法事・仏事へ出向いています。専門の法衣店では最低20万円くらいから用意されていますが、高価なオリジナルデザインになれば上限はないに等しいでしょう。

葬儀を除いた一般的な法事では、「五条」と呼ばれる略式の袈裟を利用することが多く、これは首からヒョイと下げるだけのとてもシンプルなものです。「大衣」同様に洗濯ができないためか、夏など汗をかく時期には損傷が激しく、2年に1度は取り替えが必要になります。放ったらかしにしますと、糸が切れて仏事の最中にズリ落ち、大恥をかくハメになります。

なかには、テレビ中継が入るような有名人の大きな葬儀の依頼でもあれば、坊さんたちは「待ってました」とばかりに、それこそ一張羅の大衣（九条）を引っかけて出向くことになります。金ピカの祭壇の前に、キンキラキンの袈裟を着用した坊さんが座って読経する光景は、まさにショーを観る気分です。このケースでの衣装代は、総額で数千万円は下らないはずです。

第8章　坊主丸儲けに見るお寺の収奪システム

税務署は弱小寺院に目を付けて大寺院には目をつぶる

お寺という公益法人、厳密に言えば宗教法人のケースでは、税金がすべて一切免除になると思っている人が多いようです。しかし、お寺にだって税務署は来るものです。宗教法人という名目で優遇されてはいるものの、お寺にも所得税を払う義務は課せられています。

あるお寺の経費明細として、お寺の年間経費は200～300万円程度は必要になります。明細項目としては接待費、光熱費、水道代、美化・衣代、荘厳費などといったところでしょうか。

単純に税金がかからないのは、宗教法人に入った純利益のみです。宗教法人から給付される住職またはその家族、使用人のサラリー、ほかにお寺以外で収益事業を行っていれば、それについてもきっちりと所得税がかけられます。

税務署の職員はある日突然、抜き打ちで「お尋ね」にやって来ます。「ご住職、△月×日に誰それさんの葬儀を請け負われましたね」などと、まるで事件の捜査のごとき面持ちで聞きただします。見方によれば、それはもう「あんたは悪さをしているんでしょう」と言わんばかりの傲慢な態度です。

　さらに、「どのくらいのお布施収入、または戒名料があったか」と丹念に帳簿をチェックし、少しでも間違いがあろうものなら、鬼の首を取ったように大喜びして、次の日には査察が入ることになるわけです。

　このような税務署員のお尋ねと称するものは、遺産相続のからんだ檀家の葬儀を終えた後に入ることが多いものです。相続税の調査という名目で、お寺の収入状況をチェックしようというわけです。

　しかしながら、実のところ税務署が気軽に調査できるような弱小寺院については、よもや不正があったにしても大した額面ではありません。70万円のお布施から2～3万円を抜いては飲食代にするくらいが関の山です。子どもの小遣い銭程度のものです。

　しかし、実際に不明瞭なお金が動いているお寺は別にあります。税務署の連中でも当然、承知のはずです。しかしながら、そういうところには決して手を付けようとしないのが、どういうわけか彼らのやり方なのです。

　ある坊さんは、帳簿を付けていないことで査察官にこっぴどく侮辱され、あまりの腹立たしさから、「私の寺では現物でお布施を戴いています。その所得税を払えと言うなら、どうぞ持って行ってください」と言い放ち、裏の蔵からジャガイモやらゴボウを運んで来て、査察官に投げつけたと言います。

人の不幸を金に換える「水子供養」でボロ儲け

「水子供養」と言えば、坊さんが最初に発案したヒット企画であることをご承知でしょうか。初めの頃は各々の寺院でその依頼に応じていたものでしたが、あるとき忽然と「これはイケる」と思い立った坊さんが、商才たくましくも全国規模で大新聞にデカデカと「水子供養をしないと祟りが起こりますよ」などと言わんばかりの大広告を打ち出しました。

さらに、「お寺に来られなくても、現金書留でお金を払い込んでいただければ供養一切を承ります。当然、お宅様の秘密は厳守します」などと、都合のよいとどめの一文で水子供養を広めました。

これは実に画期的な営業戦略と言えます。なにしろ流産した人を除けば、ほとんどの依頼者はある意味での後ろめたさを抱いている人々と思われます。直接、お寺へ行くとなるといささか抵抗感があるものの、現金書留でいいならば、顔を知られ

る不安もありません。

この需要対応戦略が一躍、爆発的ブームになりました。日々の喧噪の中で、新しもの好きのマスコミ各社が、ここでも大いに宣伝活動に加担したのは言うまでもありません。

この大広告を見ての収客人数は、延べ数十万人とも数百万人とも聞きます。供養料は地域によって差はあるものの、だいたい1人当たり328万円。ご参考までに1人当たりとは、水子1人当たりという意味です。

1件で2～3人、場合によっては5人の水子供養を依頼するケースもあると言います。さらに商売上手の坊さんは、そこに目を付けて「2人以上のケースでは割引がつきます」とまで言い出す始末です。さらに付加価値を加えて、水子地蔵の建立を望むなら、1体15～30万円で受け付けていると聞きます。

元来、形なくして葬られた子どもの代わりとはいえ、風車を持ち赤いよだれ掛けを付けた地蔵が境内に並ぶ光景は、異様な感もあるものです。一度建立すれば、お参りする親のない地蔵も多いことでしょう。一体、誰がための供養であり、一体、水子の祟りなどあるのでしょうか。

このように、根拠のない人の弱みに付け込んで脅迫まがいの商売をする坊さんたちも悪いのですが、逆に現金書留で過ちの後始末を計る人間たちはもっとあくどいと言わざるを得ません。もし仮に水子の祟りが本当に存在するのであれば、「この親にこそ降りかかれば」と願うものです。

檀家参りで日銭を稼ぐ生活とおサラバしたい

戦前までは、公認で高利貸しを兼業しているお寺が多く存在しました。これは、江戸時代に幕府が目の不自由な坊さんの保護政策として「検校」といった高利貸しの権利を与えたことに起因します。戦後になりますと、表立って商売をするお寺は見られなくなりましたが、名前を伏せてサラ金業を兼業として営んでいる坊さんは多いものです。

さて昨今は、葬儀屋との戦いに見切りをつけた坊さん連中は、いまや本職を離れて第二、第三の収入源探しに躍起です。まずは兼業で荒稼ぎに汲々としている現場にスポットライトを当てましょう。

以前は、坊さんの兼業と言えば幼稚園、託児所の経営が最もポピュラーな職種でした。お寺というのは、本来は託児所的な役割を担ってきた歴史があって、世間体から考えても実にお寺にマッチングした職業ではないかと言えます。

しかしながら、戦後になって法人税法が施行されて以降は、お寺の収入源は一変しました。早い話が、檀家参りであくせくと日銭を稼ぐ生活とはおサラバで、坊さんの名義を残したまま続々と新規事業（？）を起こし、金の亡者へと変身していきました。

ある坊さんは、資産をはたいて△○美術館なるものをつくり、またある坊さんは、その土地柄の名物になりそうなドデカい大仏やはたまた観音像を建立して、各々がそこの館長に収まり、以後はその拝観料の売上げで悠々自適の生活を送っているものです。

知人の坊さんにもいますが、このような美術館などは世間の評判も上々で、その坊さんの社会的なステイタスにもなって、なかなかのアイデア事業ではないかと思います。

さらに都会へと目を転じてみれば、土地成り金の坊さんたちが不動産事業で荒稼ぎに忙しいと聞き及びます。彼らの強みと言えば、都心の一等地に所有している広大な土地です。その土地の有効活用と称して、墓地を潰してホテルを建て、境内には駐車場スペースを施します。

ここでどんなに儲けたとしても、法人税は一律27％で、しかも固定資産税はゼロと言いますから、笑いが止まらないどころかゲップが出るほどにお金はどんどん転がり込んできます。右腕にはダイヤモンド盤の高級腕時計をはめ、ちょびヒゲを生やした怪しげな坊さんは、まことにこうホザくかもしれません。

「お寺以外の事業で得た利益は、宗教活動に利用する資金であります」と。しかし、どこから見てもその風体は坊さんではなく不動産屋のオヤジなのです。ここ何年もの間、彼らが読経する姿を見た者はいません。

さらに、こうした事業で稼いだお金で、今度はフランチャイズの焼肉屋や学習塾、貸しビル経営、果てにはソープランドにまで手を広げ、「うちのご本尊はソープ嬢」などと高笑いしている坊さんもいると言います。

まさに儲かる仕事であればなんでもござれで、すでに坊さん業など趣味のレベルです。宗教法人という特権を維持するためだけに、その名義は許可証のごとく使われているのが現状です。

かつては、しおらしく愛用の自転車をこいでいた坊さんたちも、今や高級外車でご出勤です。すでに、３代後まで寝て暮らせる私財をため込んだ坊さんも多いと聞きます。歴史をさかのぼれば、江戸時代の当時の政策によって檀家制度が確立してから裕福なお寺が増加し、僧職の片手間にさまざまな職種を兼ねる場合が目立っていました。

たとえば、お寺の敷地の裏に家屋を増築して売春宿を経営する坊さん。または、富くじと呼ばれる宝くじを売り出してぼろ儲けに興じたり、ある意味で堕落の道に突き進んでいく坊さんが激増した時代でもありました。今日ある現象は、温故知新と言ったところでしょうか。

政治家の「売名弔電」などは後回しにしよう

弔電というのはどの葬儀にも付き物です。通常、弔電はＮＴＴ（１１５番）に申し込むとそれに見合った用紙と封筒で各葬儀場・斎場へ配達してくれます。ＮＴＴが用意している弔電内容の文章事例は何種類かあり、文字数に応じて料金に違いがあります。

このような既製の文例以外に、自分で文章を作成しても可能です。そのケースでは、次のような言葉は避けられたらよいでしょう。

【死ぬ、生きるといった強い言葉】
死亡、ご逝去、ご訃報、生きている頃、お元気な頃
【重ね言葉（不幸が重なるのを嫌います）】
たびたび、いよいよ、かさねがさね、再三、追って

このように、お参りできない人がお悔やみの言葉を電報で伝え、弔電の披露が行われるわけですが、中にはこれを売名に利用している政治家がいるのも事実です。

死んだ人間と生前、特別に交友を持っていたわけでもないのに、死んだとなると「涙が止まりません」とか、「最愛なる△□氏の死に大きなショックを受けております」だの、揚げ句の果てには、ＮＴＴが用意した弔文をそのまま使って形だけ取り繕っている政治家も多くいます。

当然ながら、どこの家庭にも同じ文面が届きます。どのみち国会議員や県議会議員や市会議員に至るまで、役所で死亡届が出されれば、誰かまうことなく送電しているのです。

このような体裁上の票稼ぎである弔電を、わざわざ時を裂いてまで披露する必要

もないと思います。が、時として遺族自体がご自分の名誉なのか、これを好んで披露したがるケースも多いのには驚きます。

さしずめ、「うちには△×代議士からも弔電が届くのよ」と、参列者の人々に自慢したいわけです。この現象を見ると、大半の家が最も親しい身内の弔電を後回しにしてまでも、これらの高名な国会議員の弔電を筆頭に読み上げています。

さらに、葬儀によっては、参列者の焼香よりも先に、弔電の披露を行うケースがあります。これもおかしいと思いませんか。わざわざ当日、ほかの大事な予定を削ってまで足を運んでくれた参列者よりも、会場に来なかった人を優先していることになるわけです。本来、弔電などをなにも葬式で参列者の前で読み上げなくても、遺族が後でしみじみとゆっくり読み返せばすむものです。

坊さんより高価な数珠を持っているご婦人たち

数珠（念珠）は元来、仏の名前や念仏を唱えるときに、珠をひとつずつ手繰ってその数を数えるのに用いていました。正式な珠の数は１０８個です。これは１０８の煩悩、１０８三昧瞑想を表しています。ただし、一般的には54個の略式のものを用いるケースが多く、ほかに27個、36個、18個の数珠も存在します。

材料としては、黒檀、白檀、水晶、メノウ、サンゴ、ヒスイなどが使われています。宗派によって数珠の形が多少異なるものですが、自分の宗派以外の葬儀に参列するケースでも、通常使っているものを用いてかまいません。

先般、ある坊さんが超デカいヒスイの数珠を手に入れました。「これはインドの安物でなくて中国の本物なんです」と、たいそうご満悦の様子です。値段を聞いても答えがありません。「ボチボチですわ」などと言っては喜んでいました。

しかしある日、その坊さんは多いに不機嫌な面持ちでやって来ました。「どうしましたか」と尋ねますと、「一般の人がアクアマリンなんか持ってなんの役に立つのでしょうか」と怒り出しました。

つまり、話はこういうことです。彼はその日、知人の坊さんに頼まれて市街地で行われた葬式に代理で出席しました。地元有力者の葬式と知った彼は、これ幸いと例のヒスイの数珠を持って出向いたと言います。

さっそくヒスイのデカい数珠をご披露しようと式場に一歩入ってみますと、参列者のオバさんたち皆が皆、こぞってキャッツアイだの水晶だのの数珠を手にしているわけです。当然、ヒスイの数珠を持っている人もたくさんいました。さらに、喪主に至ってはアクアマリンの数珠で涙にくれていたと言います。
「数珠は値段の安い高いでなく、もともとは菩提樹の実がいちばん有り難いのです」と言う彼の論が正しいのは確かです。数珠の珠は、ブッダゆかりの菩提樹の実または中国や日本では水晶の珠が最適とされています、
ともあれ実際に、最近の葬儀では坊さんよりはるかに高額の数珠を手に入れるご婦人が多く見られます。数珠はともかく、時に袈裟を身に付けている檀家もいますが、それも貧乏寺の坊さんに比べてはるかに真新しい立派なものだったりします。高価な葬儀グッズを購入すれば、それを使いたくなるのが心情というものではありますが……。

坊主と上手く付き合えばこんな御利益がある

地方の坊さんとは仲良くしておくとメリットが大きいものです。ただし、お金以外のメリットです。お金は出さないものの、お気に召せば惜しまずとことんバックアップしてくれます。

いまの時代、見返りを求めずに親切を提供するのは坊さんくらいのものでしょう。

坊さんというものは、お金には汚いものの気は優しいというギャップがあるものです。親切の見返りとしては、法事の際にでもお布施にその気持ちを便乗すればそれで十分です。

坊さんの武器のひとつは、会話の巧みさです。月々の説法、日々の檀家回り、各地に出向しての講演会などです。大勢の一般大衆の前で話す場をこれほど多く持っているのは、政治家や芸人と坊さんくらいのものでしょう。

「人の噂も75日」と言いますが、75日も続けば大きな影響を持つものです。とくに選挙に出るケースでは、坊さんをひとり掴んでいれば非常に有利に展開します。実際、選挙の宣伝カーに乗って応援している坊さんも多くいます。

ですから逆に、これらの坊さんを怒らせると大変です。あちこちで実名入りで吹聴しまくります。名前の知れている人には、けっこう大きなダメージになるものです。

もし仮に、地元の中小企業レベルの会社と喧嘩にでもなろうものなら、坊さんには権力はないものの、大勢の信奉する庶民をバックにそんじょそこいらの企業には負けないだけの力にはなるものです。

さらにまた、坊さんは裏でさまざまな人間とつながっています。財界人、警察、政治家、場合によってはヤクザと昵懇なんてケースも珍しくもありません。本気になって立ち上がるものなら、後押ししてくれるでしょう。

さらに地元住民の情報はほとんど掌握ずみで、代議士であれ医者であれ、すべてが坊さんの手の内に掌握ずみなのです。それを逆手に取って脅迫材料にすることだって十分可能と言えます。坊さんなんぞ、死ぬまで縁はないという方もいますが、生きているうちに付き合っていれば、なかなかの利用価値ありと言えるでしょう。

「坊さんは立派な人」を求められる因果な商売

坊さんブランドというものは、地方ではかなりの威力を持つものです。たとえば飲食にしても、その坊さんのテリトリー内であればお金は一切不要です。飲み屋に出向いて席に着いた途端に、頼んでもいないビールが運ばれて旬の魚が並び、時として女の子までが付いてきます。

当然、すべて無料というわけです。酔いが高じてカラオケを歌えば、「さすが上手いですね」の声援が飛び交い、「帰る」と言えばタクシーがお店に横付けされます。まさに往時の大名さながらの気分でしょう。こういった気遣いの数々は、なにもその坊さん個人に向けられたものではありません。そのお寺の、歴代のお坊さんたちの人徳が培ってきた賜物なのです。

お寺には、「過去帳」と呼ばれる檀家の家系を記した記録帳が置いてあります。古いお寺であれば、15～17代以前の先祖の分から残されています。日本において公的に戸籍が作成されたのが明治５年以降です。さらに各都道府県の役所で実際に目にできるのは、明治40年より後の記録になります。それ以前のルーツを探す場合は、お寺の「過去帳」に頼るしかありません。

とはいっても、なにしろ数が膨大であるためか未整備にしているお寺が多いのです。たとえ興味本意で個人的にお寺を訪れても、懇意な檀家以外には気軽に先祖探しはしてくれません。

話は脱線しましたが、お寺の子としては常に立派でなければ許されない環境ができあがっているためか、なにしろテストで満点を取るのは当たり前で、明朗活発、スポーツ万能、すべてに完璧という暗黙の要求が与えられているのも事実です。

先述したような、お膝下の人々の度が過ぎるほどの親切は、あくまでもお坊さんとしてのマナーをわきまえて、謙虚に受け取らなければならないのです。ですから、ある坊さんは遊び事については地元を避けてできるだけ遠くの街まで出向くようにしているそうです。

昨今のお坊さんは、頭を剃りあげてなどいないから、他所の街へ行けば誰も坊さんだと気づきません。たとえへベレケになって大暴れしたとしても、特別な目で見られる心配はありません。「どこかのオヤジが騒いでいる」くらいですんでしまいます。

そのほかにも、お寺に生まれた悩みは多いものです。朝は早くから起こされますし、食前食後にはお参りの義務があります。お寺にはいつも客がいて、ゆっくりテレビも観られません。日曜日は毎週、なんらかの行事が入って年寄りの慰安所のようになり、お寺が自分の家なのに自分の居場所が見つからない環境でもあります。坊さんとは、全く因果な商売かもしれません。

坊さんは自分の悩みを誰に相談するのか?

坊さん稼業についていると、心を打ち明けた友人をつくりづらいのも悩みの種です。なにしろ坊さんの地元では、口が裂けたとしても他人の悪口を言うことはできませんし、悪口を言い合っているその現場に立ち会うことも珍しくありません。さらに、お寺を訪れる人たちの揉め事や相談事は、100％秘密を遵守しなければなりませんから、つい口をすべらせたりすれば大変なことに発展してしまいます。

逆に、他人の相談事などは受けても、坊さん自身のプライベートの悩みを他人に相談することはできません。そうなると、人とコミュニケーションをとる内容は、テレビ番組の話や天気の話だの、ごく一部に限られてきます。

坊さんの得意分野といっても、まさか普段からブッダの説法を語るわけにもいきませんし、これでは心からの友人はできません。学生時代の友人、知人以外に新しく気心が知れた人をつくろうと思っても容易に心を許すことができないのです。

時折は仕事柄、石材屋や葬儀屋、花屋、法衣店といった業種の人たちとマージャンやゴルフに興ずることはあるものです。しかし、これは単に友人というレベルではなく、客と接待人の間柄です。要するに、業者が坊さんに対して仕事を回してもらうために接待をしているだけのことです。

たとえば、仏具屋からゴルフに誘われれば、「檀家のどなたかに仏壇をさばいてくれましたらバックマージンははずみますよ」というようなニュアンスが含まれているだけのことです。石材屋からマージャンに誘われれば、「墓を建てる人がいたらウチに回してくださいね」というおねだりがウラにあるだけのことです。

当然、接待ですから、ゴルフもマージャンもその坊さんが勝つことは初めからわかっています。おそらく坊さんとしてはバックマージンは嬉しいでしょうが、遊んでいても心からエンジョイできないはずです。

楽しいどころか、もし業者たちになにか坊さんサイドの弱みでも握られでもしたら、逆に脅迫のネタになりかねません。「ご住職、黙っていてあげますから、墓石を売ってくださいい」なんてことになっては困ります。言葉をいつもより選んで慎重に付き合わねばなりません。とても心を許せる状況ではないのです。

ですから、逆にパチンコや女遊び、ギャンブルや酒に溺れてしまう坊さんが多いわけには、こんな窮屈極まりない環境の中で生活しているせいもあるのです。風俗嬢とチチくりあっている分には、とくに自分が坊さんだと意識しなくてもすみますし、なにより気兼ねがいりません。

当然、内緒話はご法度ですが、風俗嬢相手に深刻な話をする必要はなにもありません。京都の坊さんたちがこぞって祇園で遊ぶ気持ちも少しはわかります。

第9章　どちらが偉い？ 貧乏坊主と金持ち坊主

なぜ日本のお坊さんは結婚しているの？

現在、世界には数多くの宗教があるものの、その中において日本の仏教は、出家者に結婚妻帯を認めている例外的な存在です。キリスト教の牧師、神父、さらに韓国・台湾・東南アジア諸国の仏教の坊さんもことごとく独身です。

そのためでしょうか、世界の中でもとりわけアジア各国の仏教者たちは、日本の坊さんのほとんどが結婚妻帯していることを知ると、非常にびっくりすると言います。

ご存じのように、かつては仏教においても坊さんは戒律によって結婚・妻帯を禁じられていました。「不邪淫戒」と言いまして、なによりもセックスすること自体がご法度だったのです。

なにはともあれ、理不尽なことと私たち在家の者は思うかもしれませんが、仏教、とりわけ小乗仏教では、数多くの戒律がありました。いずれも仏道修行の邪鬼となるものに接したりすることのないようにするためです。

坊さんは250、さらに尼さんは500もの戒律があったと言います。これが大乗仏教になりますと、10の戒律しかありません。在家にしても五戒と申しまして、不妄語・不偸盗《ふちゅうとう》・不殺生《ふせっしょう》・不飲酒《ふおんじゃ》・不邪淫がありましたが、坊さんのケースでは倍の10なのです。

ここで坊さんのことを出家と呼ぶのは、文字どおり俗世間のシンボルとしての家を出ることでして、それは私たち一般のように家庭を持つのをやめることにほかなりません。その意味で、結婚妻帯するかどうかが、出家と在家を分ける分岐点になったわけです。坊さんが結婚などしていては、悟りを得ることはできないし、極楽浄土へも行けないという理由です。

しかし、日本においては何故か仏教伝来の初めより、坊さんでいながら密かに結婚妻帯する者が後を絶たなかったのです。しかし、それを立場上、公にするわけにいきません。そのためか、平安時代には「せぬは仏、隠すは上人」などという言葉まであったといいます。

ご参考までに、奈良時代に定められた僧綱という僧侶の位階制度で最高位とされたのは僧正でした。だが、この僧正とは元来、僧侶の濫行《らんこう》不正を正すという意味合いなのです。『釈氏要覧』においても、「比丘《びく》に方なき馬にくつわなきが如し。故に徳望ある者を選び、法を以てこれを縄《ただ》し、正さしむ、故に僧正と言う」とある程です。

比叡山延暦寺の坊さんも、現実にはほとんどが妻帯していました。しかし、表面上は結婚していないことになっていますから、延暦寺の東側の麓、琵琶湖畔にある坂本という所に家を構え、妻子はそこに住まわせていました。その上でしばしば通うわけです。坊さんとは形だけで、実のところは破戒僧でした。

そのような現実と建前の乖離を直視したのかどうかはわかりませんが、坊さんの妻帯禁止といった決まりを大胆にも破ったのは、鎌倉時代における浄土真宗の開祖・親鸞でした。親鸞は恵信尼と結婚したのです。その意味で親鸞は、当時の多くの坊さんと同様、破戒僧でした。

さらに彼は、「結婚することが極楽浄土への近道である」とまで言ってのけました。そのことの是非はともかく、少なくとも宗教者の資格を出家ということに条件付けるとすれば、結婚妻帯はやはり奇妙なことです。

現代においても、結婚妻帯して子どもをつくり、世間一般の人たちと全く同じ暮らしをしています。それどころか、時に高級スポーツカーを乗り回したり、夜な夜なクラブや料亭に顔を出したり、揚げ句の果てに高級風俗の常連客であったりするような坊さんが、人類の救済とか世界の平和を口にする資格があるのでしょうか。もっとも、そこまで堕落・腐敗した坊さんが、そのような言葉を口にすることなどないかもしれません。

中には、結婚妻帯していても人格的に立派な人はいるでしょう。少欲知足といった日々を生きている人もいるでしょう。しかし、そんな坊さんはほんのひと握りにも満たないのです。ほとんどの坊さんは、世間一般の人々よりもさらに世俗的であるようなのです。

しかし反面、多くの一般の人は毎日、額に汗して働いています。給料がなかなか上がらなくても、生活を切り詰め、子どものためにコツコツとお金を貯めているのです。そして、身内の誰かが亡くなれば葬儀を行い、1年後には1回忌、2年後には3回忌と法事を催し、そのたびにバカにならない程のお布施をこれらの坊さんたちに包むのです。そんな負担は決して軽いものではありません。

ブッダはどうやって性欲を処理していたのだろうか

実に下世話な疑問があります、「ブッダはどうやって性欲を処理していたか」ということです。ここにいうブッダとは釈迦のことで、彼はガンジス川中流域のシャカ国の王子として生まれました。結婚して男児を1人もうけた後に、29歳の若さで出家し、一介の修行僧となって苦行、瞑想、再度の瞑想を経て、ついに6年後に菩提樹の下で悟りを獲得しました。

その悟りの内容こそが、綿々と伝わっている仏教（釈迦＝仏陀《ブッダ》の教え）なのです。その後、ブッダは80歳で入滅するまで、弟子を始めとする一般大衆に仏の道を説き続けたと言われています。

ブッダというこれほどの超人に、性欲はないのでしょうか。ブッダは出家する以前に結婚し、子どもをしっかりともうけています。であれば、女性に無関心であったとは到底思えません。もちろんインポでもなかったわけです。セックス自体は我慢ができたとしても、朝に夕にと熱立つ自然現象を抑えることは不可能でしょう。

ブッダが出家したのは29歳で、まだまだお盛んな年頃です。健康で健全な男子であれば、精神をいくら鍛えたとしても回避できることではありません。坊さんが「性欲だ、セックスだ」ということ自体、いけないことだと思う方もあるかもしれませんが、日本の数ある仏教の中には、セックスの絶頂感を基本理念に置く宗派が実際に存在しています。

ズバリ真言立川流です。ここの歓喜天という本尊は、象の頭をした男女が抱き合った形をしていて、セックスの絶頂感の快楽が悟りの世界と一致していると大真面目に解釈しています。

この点は本来、性欲を否定している仏教理念からははずれますが、日本古来の神道の教えには近いものがあります。神道では、死を汚れたものとして扱う反面、新しい生命の誕生は実りとしてとらえて、非常にありがたいものと考えます。ですから、セックスを否定するどころか実りを結ぶための神聖な儀式という意識があるのです。

事実、男性のペニスや女性の性器をシンボルとして祭るお宮もあるくらいです。人間が生き物である以上、このような神道の考え方のほうが、よほど自然と思われます。私たちのこの肉体がある以上、性欲、食欲、睡眠欲は必ず起こります。厳しい修行の末、それらをコントロールできる力が備わったにしても、完全に消滅することなど絶対にムリです。

はたしてブッダは、本当に性欲を断ちえたのでしょうか。もし、極楽で万が一でもブッダに巡り会うことができましたら、開口一番この問題について直接、尋ねてみたいものです。

さて、せっかくブッダについて書かせて戴いているのですが、「小乗仏教」と「大乗仏教」について少々言及します。まず、小乗仏教では「出家した者のみが彼岸（理想の世界）へ行く資格を与えられ、さらにその中から厳選されたエリート坊さんだけが、実際に彼岸に到達できる」とされています。

このような考え方を否定して紀元前2世紀頃に登場したのが、大乗仏教です。すでにブッダ入滅から400〜500年を経過した後のインドで、改めてブッダ本来の教えに立ち寄って「彼岸に向かう道はすべての人間に開かれていて、真理を求める心さえあれば、出家者（悟りのプロフェッショナル）の指導のもと、誰もが到達できる」と説いたのです。

ご参考までに、小乗仏教という呼び名は、大乗仏教が生まれた後、大乗に相対する教えとしてつくった呼び名です。そのため、小乗仏教徒たちはその名を使っていないのです。

「功徳を積む人」から「金儲けの商売人」へ

かつて江戸幕府は、自讃毀他《じさんきた》（自分の宗旨を褒め、他宗をけなすこと）、要するに法論を禁止していました。または他寺の檀家を奪い取ってはいけない。さらに、他宗の信徒に宗旨替えさせることも禁じています。

また、「町中にて念仏講・題目講は出家並びに同行とも寄合すまじき事」（大成令）と、在家の信仰集団が定期的に会合を持つことも禁止しています。その結果として、どの宗派も布教活動が許されず、というかその必要性がなくなったのです。

そこで、各宗派、お寺も信徒をつなぎ止め、お寺を維持するために葬儀の執行、年忌法要と塔婆供養の奨励、盆と彼岸の墓参りの徹底などを行いました。ですから、その結果として坊さんたちは法要のたびに檀信徒からの供養即ちお布施を受けて、ますます裕福になっていきました。

逆に、檀信徒である人々は、度重なる供養、またはお寺の修復・増築の際に要求されるお布施などの負担に苦しんでいったわけです。そのためか、当時も坊さんに対しての人々の不満は徐々に高まっていきました。

たとえば、ことわざになっているものをあげてみますと、

「お布施の分だけ経を読む／坊主憎けりゃ袈裟まで憎い／なまくら坊主／坊主丸儲け／坊主読み（＝坊主が経を読むように、意味をよく考えずに文字だけ読むこと）／憎い坊主の布施好み／地獄の沙汰も金次第／坊主殺し」

などという言葉が流布していったバックグラウンドには、そのような実態が存在したのです。

こうなりますと、各宗派が葬式と法事を寺任せにする葬式仏教化するのに時間はかかりません。さらに坊さんたちも、いわずとどんどん葬式坊さんになっていきました。このことが原因してか、なにより人々の信仰が薄らいでいきました、次第になにか事が生じたら、お寺に行って坊さんに頼み事をしていくのです。

葬儀やほかの仏事は当然のこと、たとえば先祖の供養をしていただく安産祈願、病気平癒を祈ってもらう、厄払い、就職や進学などについての祈願、交通安全祈願など、ありとあらゆることについての祈願をお寺、坊さんに、「お布施と交換」という条件で依頼するようになったのです。

もちろん商売上手なお寺、坊さんサイドもそうしたニーズを先取りして、いろいろな祈願を行ったり、時としてお札やお守りをつくって販売するようになっていきました。宗教とは形だけで、その結果として完全にビジネス化していったわけです。檀信徒を、自分たちの食い扶持としてしか考えていません。その食い扶持を得るために、檀家を1人でも多く確保しようとし、供養を得ようとガツガツ貪るわけです。

そのためには手段を選ばず、平気でウソもついてしまいます。考え方によっては、権力を持つ者、宗門のトップ連中にへつらうばかりな人、人々を救うような慈悲心など形だけでかけらもないものです。

千両

いつの間にか葬儀屋にお株を奪われた日本の仏教界

この世の中、「人間が亡くなった後はすべて坊さんに任せれば安心」といった認識を抱いている人が多いのではないでしょうか。お通夜、そして葬儀でのお経、引導渡し、火葬場での読経、初七日、49日の法事、さらに1回忌、3回忌と、死んだ後もなにかと坊さんの出番は多いものです。しかもこの種の催し事は、坊さんがいないとなにもできないなどと思っている人も多いことでしょう。

しかし、本当にそうかというと、そうでもないのです。たとえば、葬儀の折、読経の後で坊さんは「カネ」を叩きます。回向《えこう》というのですが、参列者にしてみれば、この場面で「ああ、いままさに坊さんが、亡くなったジイさんの成仏を祈ってくれる」と思うものです。

そのために回向というと、坊さんが「カネ」をチーンと叩くことのように思っている人が多いのです。だが、回向とは本来は廻向とも書いて、自分が行った修行や造塔・お布施などの善行の結果を自分や他者の成仏や利益などのために差し向けることを言います。

ですから、「回転趣向」とも言うのですが、要するに、自身が善行を積み重ねることによって得た功徳を回し転じて、周囲の人々（とくに親族、葬儀のケースでは故人）に振り向けていくことです。

元来、葬儀とは「在家の者だけでやるように」とブッダが言い残したくらいですから、それほどむずかしいことではありません。紀元7世紀頃までのインドにおいては、人が死ねば火葬場に行って荼毘に付しながら、遺族を中心にお経を読むという、実に単純明快なものだったわけです。

それが、現代の日本では「葬儀には坊さんが絶対に欠かせない」というのが変な常識になってしまいました。しかし、逆にそうした変な常識が世の中の隅々にまで行き渡るには、仏教界の涙ぐましい努力があったからこそです。

さらに室町時代の後期に入って一般の人たちも、現代に見られるものに似た（と言ってもかなりシンプルなものです）葬儀をするようになって以来500年程を経ていますが、それが戦後十数年経た頃から葬儀屋が急成長し、現在では葬儀屋抜きの葬儀はあり得ないように思われています。

この原因としては、ひとえに都市化現象と核家族化があげられます。しかしながらそれによって、かつて仏教界（お寺・仏様）が仕切っていた葬儀のリーダーシップが葬儀屋に奪われてしまったのも事実であります。

さらに、最近の葬儀は完全にイベント化しています。開会のときからスタートして、導師（坊さん）の紹介・入場、読経・回向（同時進行で焼香が行われます）・導師退場、閉会の辞といったお通夜の流れです。

さらに、葬儀である告別式も開会の辞からスタートし、導師である坊さんの紹介・入場、読経・回向（同時進行で焼香が行われます）・導師退場、最後のお別れ、出棺、喪主（あるいは親族代表）の挨拶、閉会の辞と、決まりきった流れが完成しているのです。これは、考えようによっては実によく練られた流れと言えます。

「自分を知るため、好きになるため」に坐禅を行う

「人生は長いようで短い、たった一度きりのもの」であります。本当にその人生を生かすには、自分自身をよく知ることです。この世に生かされている意味を知ることです。

現代人はあまりにも生活が忙しすぎるのと、世の中の表面・現象においての流れが早すぎます。そのために何人も自分自身を見失っております。

こういうときにこそ、立ち止まって自分を見つめ静観することが必要です。言い換えますと、人間性の回復が大事です。場合によりましては坐禅することにより、自分を確立することが肝心です。

私たちはもっと自分を好きになることによって、自分を最大限に生かすことができるのです。生きている喜びを真に感じられる人生こそ、納得のできる素晴らしい人生となるはずです。

> 之《これ》を知る者は、之を好む者には如かず
> 之を好む者は、之を楽しむ者には如かず

この語は孔子の『論語』の中にあります。訳としては、人間は何事も最初は学んで知ることが大切です。しかし、学んだことを知識として知っているだけよりも、学んだことを好きになることによって、より深く自分のものとして理解することができる、という意味です。

言い換えますと、知ったことを好きになるまで深め愛することによって、それが自分の生きる力になるのです。さらに、好きになったことを自分の人生の内で楽しめるようになれば、それが最高の生きがいとなります。

通常、知るということは「学校で勉強する、本を読む、体験を通して」できます。それが知識です。仏教においても、学んで知識を持つことは重要なことですが、仏教でとくに大切にしていることは、自分自身を知ることです。

現代人は、知識はとても豊富ですが、その知ったことを使う主体である自分自身を知ることにおいては欠けております。それこそ軽薄な利己的な理屈理論を述べたり、組み立てたりすることは得意です。

しかし、人間が現実に生きていく上においてより大切なことは、主体性を確立することと。人間性に目覚め、本心本性を明らめることが大事です。これは自分自身をより深く知ることであり、修行とか精進することによって自覚体得することです。坊さんが修行する仏教は、本来、坐禅を通して自分自身を知ること、いわゆる主体性を確立することを主眼においています。

坐禅とは静慮《じょうりょ》が訛ってできた語であり、静かに慮ること、静かに自分自身を見つめることであり、最終的には自分の内にあります。これを、坊さんの世界では見性《けんしょう》とか悟りと呼びます。

このことから仏教とは心のことであり、心の宗教でもあるのです。心を知る方法として坐禅を中心においています。「坐」と言うのは形が示すように、土の上で人と人が向き合ったところです。自分と他人が向き合っていると見るのもいいですが、自分と自分が向き合うことが最も大事です。

自分の内に自分自身を掘り下げてゆき、自分の本心本性を明らかにし、体得することです。そしてさらに、自分が自分を見つめるには、不安定な場所であったり雑音の多い所に坐るのではなく、安定した大地の上が最適です。

大地のように安定した所にドッカリと坐して、姿勢を正し背筋を真っすぐにし、とくに呼吸を整え、心を安定させることが大事です。坐禅三昧になることにより、私たちが持っている利己的な考えや迷い、いわゆる妄想妄念我見我慢より徐々に開放されることです。

坐禅のもっとも大切なポイントは、臍下気海丹田《せいかきかいたんでん》に気を充たすことです。臍下はヘソより少し下の下腹部を言います。気は宇宙、空気中にある精気、真気、電気、元気のことです。海は大海の意で無限にものを容れることができるところです。丹はまごころ、あるいは仙人が練った不老不死の楽のことです。田は田圃《たんぼ》のことで五穀を生み出す源です。

以上の意味から坐を組み姿勢を正したら、鼻孔より宇宙にある自分で最もいいと思う気を静かに呼吸して、海に無限に充たしていく。これを繰り返し行えば、仙人の作った不老不死の薬を飲んだのと同じ元気が保てます。

そんな薬を生み出すところが下腹です。人間の体の中で最も立派な名前が臍下につけてあります。前より見れば気海丹田であり、背中より見れば腰であります。腰は月《にくづき》に要《かなめ》と書きます。体の中心で最も大切な所です。何事にもよらず、中心が整い、中心が安定し、中心が堅固なことが大切です。ここを養うことが坐禅です。

仏教の本当の開祖であるブッダも若いとき、人生に大いなる疑問を感じ、かなり苦悩されます。それを解決するために出家して、さまざまな修行を試みましたが、安心が得られませんでした。

最終的には菩提樹下において坐禅して、12月8日の宵の明星を見上げたときに、忽然と「ああ、あそこに私がいるではないか」と、宇宙の真理を体得し、真の人間性に目覚めたのです。

第10章　御利益に群がる坊主

世の中に取り残されないためにどうすればいいのか

「現代の寺院が考えているよりも、世の中は早いスピードで変化している」ということを、坊さんを含め一般の人も認識してほしいと思います。このような社会の趨勢の中で今後、寺院あるいは坊さんがどう生きていくのかということを、改めて真剣に考えていかなければならないときでしょう。

それは、つまりは坊さんそのもの、寺院そのもののあり方を問い直すことに他ならず、とくに坊さんの基本的な位置付け、本来の坊さんのアイデンティティ（自己同一）をもう一度しっかり確認しておかなければいけません。

いまの世を生きる坊さんの多くは、「たまたまお寺に生まれたから坊さんになった」という人たちではありますが、それでも坊さん・僧侶であることに、なんら違いはありません。そこでまず、坊さんがなにをしなければいけないのか、またはなにができるのかということを考えてみましょう。

一般の人々や自分たちも含めてすべての人が、真の意味で（宗教的に）幸福になることを目指すことが、坊さんとしての重要な使命ではないでしょうか？　もちろんその根底には、真の意味での「悟り」が大前提です。なぜなら、日本にある仏教13宗56派のルーツはすべてお釈迦様だからです。その上で、坊さんは幸福への水先案内・先導をしていかなければなりません。

ただ残念なことに、今日の多くの寺院は葬儀をスタートとする法事仏教寺院、観光拝観仏教寺院が多いのが事実です。しかし、物を超えて心の中で、魂のレベルで橋渡しをしていく役割が宗教者にはあるのです。もちろん、この世に生起し得るすべての問題に対してです。

仏教には教化活動、布施教化の歴史があります。これはとても大きな使命です。自らは悟り、救いを求めながら、他者に対しても教えを説くことにより救っていくのです。

「上求菩提下化衆生《じょうぐぼだいげしゅじょう》」と言われますが、これは時代を越えた仏教者としての基本的なスタンスです。お釈迦様は真理を悟ったときに「この教えは難解である。だからいくら話しても人には理解してもらえないだろう」。つまり、「説似一物中即不中《せつじいちもつちゅうそくふちゅう》」と言われています。

そこに、インドで最高神と言われるブラフマン（梵天）が降りてきて「どうぞ釈尊よ、その教えを人々の幸せのためにお説きください」と懇願したと、原始仏典では伝えています。

このことは、お釈迦様の心の中で、この教えを人々に「説くべきか説かざるべきか」という葛藤があったことを示すエピソードだと説明されています。教えを伝えるというのは大変なことです。

自分が語った言葉が、そのまま相手に伝わるとは限りません。そこで誤解が生まれてしまうかもしれないし、自分が語ったことによって、仏教そのものが間違って理解されてしまうかもしれません。

あるいはそれが縁になって、逆に仏教が嫌いになってしまうかもしれません。ときには人を殺してしまうことだってあります。大変むずかしいことです。だからこそ、対機説法なのです。

「相手の心根を聴いて、その心にあった言葉を用いて語っていく」ということを、コツコツとやっていくことが求められます。しかし、現状においては「坊さんはいろいろ話すけれども、人の心に染みていかない」ということに残念ながらなりやすいのです。

お釈迦様の心の中に葛藤はあったにせよ、でもやはり「説いていかなければいけない」と決意して菩提樹の下を立って鹿野苑まで1週間かけて歩き、かつての修行仲間に初めて法を説くのです。そこにはまさに覚悟がありました。

今日の仏教、そして、それを担っている坊さんは、人それぞれにあった正しい言葉と方法で教えを伝えていかなければいけません。当たり前のことのようですが、それを実践・実行することは容易くありません。教えを説いているつもりの坊さんたちは、反省し自戒してもらいたいものです。

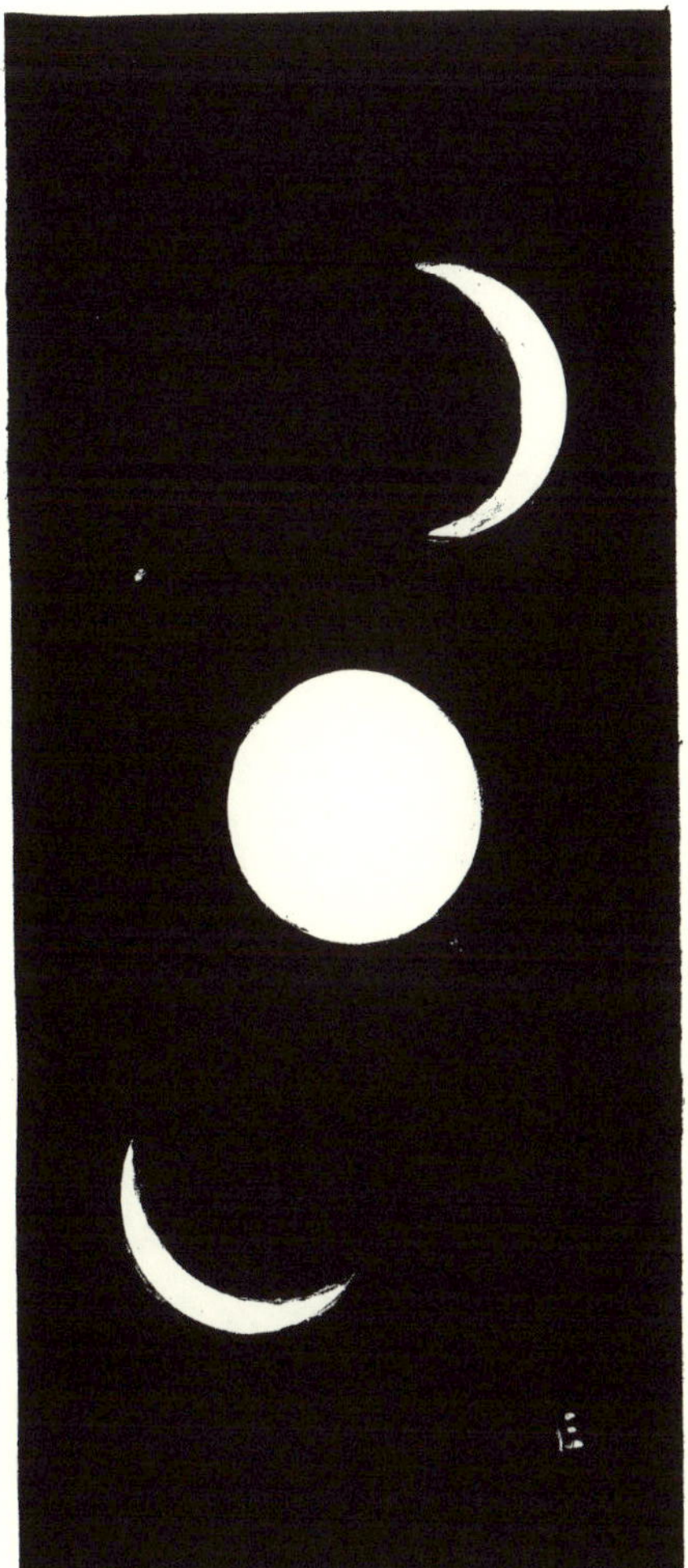

「乞食根性」を捨て、宗教者の自覚を持つ

今日、宗教というものが多くの人にとって非日常的なものであるだけに、その内実、または本来あるべき姿といったことについて、無知がまかり通っています。坊さんサイドに別段、悪気がないにしても、そうした無知に付け込んだことが行われているのも事実です。

一般企業とはおよそ性質が違うため、完全な情報開示（ディスクロージャー）が必要だとは思いませんが、葬儀や法事を願う側の気持ちとして、どこかすっきりとしないあきらめのようなものがあるのは間違いのないことです。

そうであるならば、何度も言いますが、宗教者としては少なくとも日常生活の中で、世のため人のために尽くすような活動に時間を割くのが本筋であります。あるいは、檀家がなにか困っているとき、悩んでいるときに率先して相談に乗るくらいのことはして当然なのです。

もともとは宗教のなんたるかを、あるいは信仰のあり方や祖先に感謝する気持ちの大切さを教えるなど、宗教者にしかできないことに積極的に取り組むのが、坊さ

んの使命・責任ではなかったのではないでしょうか。

釈迦が説いた坊さんというのは、結婚妻帯に象徴される世俗的な欲を一切断ち切って、そうしたことに取り組むものとされていました。現代の日本では、結婚妻帯しているばかりでなく、そのような宗教的活動を全くせずに高級外車を乗り回したり遊蕩にふけっている坊さんもいるというのでは、あまりに情けないことです。

少なくとも、世間一般の人様の不幸を飯のタネにしている以上は、それ相応の償いとすべきでしょう。キリスト教の熱心な信仰者であり、従来の伝統的なキリスト教のあり方である教会主義に対して、無教会主義を主張した内村鑑三も次のように述べています。

「富者よりは金を貰わんと欲し、権者（権力者）よりは権（権力）を藉《か》らんと欲し、識者よりは知識を貰わんと欲し、進行家よりは信仰を貰わんと欲す。貰わんと欲す。貰わんと欲す。坊さん根性とは、乞食根性なり」

「忌むべく、避くべく、しりぞくべきは、誠にこの坊主根性なり」

まさに「腹ワタ見たり、枯御花《かれおばな》」です。坊さんは、内村鑑三のこの言葉をしかと受け止めてほしいものです。

いのうえ けんいち（井上 憲一）
1957年横浜市生まれ。経済ジャーナリスト・仏教ジャーナリスト。慶應義塾大学卒業。慶應志木高校時代に建仁寺専門道場で雲水修行(修行名・省念)、以降各老師に師事。プロボクサーとしてリングに立った経験(2勝1負1分け)も持つ。毎日新聞記者等を経て、師であるロッキー青木氏の影響を受け米国でエンデバー(株)設立、慶應ビジネススクールでMBA(経営学修士)取得。現在に至る。2002年小池心叟老師より法号「暉堂」を拝命。著書に、『サラリーマン大反乱』総合法令(1995)『悟性の時代』総合法令(1999)『新・堕落論』志茂田景樹共著・KIBA BOOK(1999)など。

生臭坊主〝ぶっちゃけ説法〟
テレビじゃ言えないホントの話

2015年8月15日 第1刷発行

著　者	いのうえ けんいち
発行者	千葉 弘志
発行所	株式会社ベストブック 〒106-0041 東京都港区麻布台3-4-11 麻布エスビル3階 電話03（3583）9762（代） http://www.bestbookweb.com
印刷・製本	中央精版印刷株式会社
装　丁	株式会社クリエイティブ・コンセプト

ISBN978-4-8314-0201-1 C0036